Beate Weingardt

Wer immer nur gibt …

Beate M. Weingardt

Wer immer nur gibt ...

Die eigene Balance finden

BRUNNEN
VERLAG GIESSEN · BASEL

Für Ernst-Werner,
bei dem meine Seele das Blühen lernte

5. Auflage 2009

www.brunnen-verlag.de
Lektorat: Petra Hahn-Lütjen
Umschlagfoto: IFA, Düsseldorf
Umschlaggestaltung: Ralf Simon
Satz: Die Feder GmbH, Wetzlar
Druck und Bindung: CPI – Ebner & Spiegel, Ulm
ISBN 978-3-7655-3798-1

Inhalt

WER IMMER NUR GIBT …

Vorwort

Wer kennt ihn nicht, den Moment, wo man am liebsten alles stehen und liegen lassen und flüchten möchte … ins Bett, in die Badewanne, in die Ferne, egal. Hauptsache weg. Man hat das Gefühl „Ich lebe nicht mehr, ich *werde* gelebt!". Alle Freiheit, Spontaneität und Lebensfreude scheinen begraben unter einem Berg an Aufgaben, Verpflichtungen, Terminen und Erwartungen, die an uns gestellt werden und die wir nicht einfach abschütteln können. „Wo bleibe ich?", fragen wir uns immer häufiger.

Was tun in so einer Situation?

Einfach tief durchatmen und dann weitermachen wie bisher? – Dann wird über kurz oder lang irgendeine Form des Zusammenbruchs oder der Krise die Folge sein.

Einfach öfter nein sagen? – Gar nicht so einfach, wenn man es jahrelang nicht geübt hat!

Sie merken es, „einfache" Auswege gibt es aus dieser Lage nicht. Das vorliegende Büchlein soll Ihnen helfen, das Grundgesetz des Lebens – das Gleichgewicht von Geben und Nehmen – auch in Ihrem persönlichen Leben zu entdecken, Schritt für Schritt einzuführen und in die Praxis umzusetzen. Wie gesagt: Es handelt sich um einen Weg; für manche wird er lang sein, für manche eher kürzer.

Doch ein jeder Weg beginnt mit dem ersten Schritt,

und der heißt: innehalten, nachdenken, wo man hin möchte. Dann: Wegweiser oder Karte zu Rate ziehen.

Ein solcher Wegweiser, eine Orientierungshilfe auf der spannenden Reise zu einem Leben im Gleichgewicht und in innerer und äußerer Harmonie soll dieses Buch sein.

1. Der Baum – ein Beispiel der Balance von Geben und Nehmen

„Wer könnte leben
ohne den Trost der Bäume?“
Günter Eich[1]

Bäume haben die Menschen immer schon fasziniert. Nicht nur, weil sie groß und mächtig, schön und anmutig, langlebig und zäh sind, sondern auch, weil der Mensch in ihnen vieles von dem wiederfindet – oder zu finden glaubt –, wonach er sich oft im tiefsten Herzen sehnt: feste Verwurzelung und gleichzeitig ein beharrliches Streben nach oben, himmelwärts. Robuste Standhaftigkeit und dennoch elastisches Mitschwingen mit dem Wind. Eine Art Gelassenheit, verbunden mit Lebendigkeit. Zuverlässigkeit, aber auch Verletzlichkeit.

„Die Seele wird vom Pflastertreten krumm.
Mit Bäumen kann man wie mit Brüdern reden
und tauscht bei ihnen seine Seele um.“

So dichtete Erich Kästner[2]. Alte Bäume strahlen Weisheit aus – kein Wunder, dass der Mensch sich zu ihnen hingezogen fühlt und dass es Menschen gibt, die nach ihrem Tod zu Füßen eines Baumes, sozusagen im schlichten Waldesgrund, begraben sein möchten. Zur Weisheit der Bäume im Wechsel der Jahreszeiten gehört auch das perfekte Gleichgewicht von Geben und Nehmen. In ihrer stillen und unaufdringlichen Weise sind sie für uns Menschen ein lebendiges Gleichnis, von dem wir vieles für uns selbst lernen können. Dies wussten auch schon die Menschen im alten Israel. Für sie hatten Bäume wegen des heißen und trockenen Wüstenklimas, das in weiten Teilen des Landes herrschte, noch einmal eine ganz besondere Bedeutung. Besonders eingehend hat sich der Verfasser des ersten Psalms mit Bäumen beschäftigt. Hier die ersten Verse in leicht gekürzter Form:

„Wohl dem Menschen, der nicht im Kreis der Gottfernen weilt
und die Wege der Sünder nicht beschreitet,
sondern Freude an der Weisung Gottes hat
und Tag und Nacht über sie nachdenkt.
Der wird sein wie ein Baum,
an Wasserbächen gepflanzt,
der seine Frucht bringt zu seiner Zeit
und seine Blätter verwelken nicht;
und was immer er macht: Es gerät wohl ...“

Die Weisheit der Bäume – welche ihrer Eigenschaften und Wesensmerkmale sind es, von denen wir Menschen im Betrachten und Nachdenken etwas für die Gesetze unseres eigenen Lebens lernen können? Einige, die mir wesentlich sind, möchte ich – in vereinfachter Darstellung – aufzeigen:

1. Ohne Nährstoffaufnahme entwickelt ein Baum keine Blätter, keine Blüte und keine Frucht.

Was immer ein Baum hervorbringt – er muss zuerst selbst ein „Nehmender“ sein. Deshalb sind die Wurzeln für ihn lebenswichtig. Diese Wurzeln geben ihm nicht nur Halt und Stabilität, sondern sie führen ihm auch durch das Wasser, das sie aufnehmen, all jene Stoffe zu, die der Baum zu Wachstum und Gedeihen braucht. Ein gesunder Baum wächst immer in zwei Richtungen: in die Tiefe (wo es niemand sieht) und in die Höhe – und Breite. Denn er kann nichts „geben“, was er zuvor nicht empfangen hätte. Dies gilt auch für uns Menschen.

2. Entscheidend für die Entwicklung und Gesundheit des Baumes ist der „Untergrund“, in dem er verankert ist.

Ein Baum kann sich seinen Standort nicht aussuchen. Er wächst dort, wo sein Samen hinfiel oder wo er von Menschenhand gepflanzt wurde. Auch für unsere menschliche Entwicklung und Lebensqualität ist entscheidend, wo wir verwurzelt sind – in welchen Beziehungen und Werthaltungen, aber auch in welchem Glauben (oder Nichtglauben).

Für unsere menschliche Entwicklung und Lebensqualität ist entscheidend, wo wir verwurzelt sind – in welchen Beziehungen und Werthaltungen, aber auch in welchem Glauben (oder Nichtglauben).

Als Kinder ist uns dies alles – wie dem Baum – durch unser Hineingeborensein in eine bestimmte Familie weitgehend vorgegeben. Doch je älter und erwachsener wir werden, desto mehr haben wir die Aufgabe, uns selbst auf den Weg zu machen und unseren eigenen, für uns geeigneten „Wurzelgrund“ zu suchen. Dies setzt voraus, dass wir uns bewusst die Frage stellen, ob der Ort, an dem wir uns gerade befinden, für unser Gedeihen, unsere Entwicklung und Fruchtbarkeit wirklich geeignet und hilfreich ist. Denn im Gegensatz zum Baum können wir auch den Standort wechseln – wir können uns aufmachen zu neuen, gesünderen Wurzelgründen.

3. In Krisen und Belastungszeiten zeigt sich besonders klar die Qualität des Untergrundes, in dem ein Baum oder ein Mensch seinen Halt hat, der ihm Kraft und Beharrungsvermögen gibt. Dies wird in einem anderen Baum-Vergleich deutlich, der im Buch des Propheten Jeremia (Kapitel 17, Vers 8) zu finden ist:

„Gesegnet ist der Mensch, der sich auf Gott verlässt und dessen Zuversicht Gott ist. Der ist wie ein Baum, am Wasser gepflanzt, der seine Wurzeln zum Bach hinstreckt. Denn obgleich die Hitze kommt, fürchtet er sich doch nicht, sondern seine Blätter bleiben grün; und er sorgt sich nicht, wenn ein dürres Jahr kommt, sondern bringt ohne Aufhören Früchte.“

Hier kommt auch die Zeit der Krise („Hitze/dürres Jahr“) zur Sprache. Die Zeit, wo es am Lebensnotwendigen fehlt, wo akuter Mangel herrscht. Die Verse sagen uns: Der Mensch, der seinen „Lebensstandort“ sorgfältig gewählt und intensiv gepflegt hat, wird auch in solchen Belastungszeiten über genügend Ressourcen und Kraftquellen verfügen, die ihm Durchhaltevermögen und Hoffnung geben.

Viele Menschen in heutiger Zeit gestalten ihr Leben jedoch so, als ob es für sie persönlich ausgeschlossen wäre, in eine körperliche, geistige oder seelische Notlage zu geraten. Sie leben, kurz gesagt, in der Hoffnung „Mich wird es schon nicht erwischen“. Deshalb versäumen sie es, auf die Qualität ihres Lebensfundamentes zu achten. In Notzeiten rächt sich dieses Versäumnis, denn eine geistig-spirituelle Verankerung lässt sich nicht im Schnellverfahren nachholen. „Instant“-Wurzeln gibt es noch nicht, ebenso wenig wie Instant-Freunde oder Instant-Glaube.

4. Jeder Baum teilt bestimmte Lebensbedürfnisse mit allen anderen Bäumen: Er braucht Luft und Sonne, Wasser und Nährstoffe des Bodens, um daraus in einem faszinierenden Verwandlungsprozess grüne Blätter, Früchte, Holz und nicht zuletzt den für die Natur und den Menschen so lebensnotwendigen Sauerstoff zu produzieren. Doch abgesehen von diesen Gemeinsamkeiten hat jeder Baum auch seine ganz individuelle Gestalt und Entwicklung, und, je nach Typ, auch seine ganz besonderen „Gaben" an die Schöpfung. Ich denke an die unterschiedlichen Heilkräfte, die in Blättern, Rinde und Früchten enthalten sind und viele Arzneigrundstoffe bilden, oder an den Lebensraum, den ein Baum für ganz verschiedene Tiere bietet, aber auch an die vielfältige Verwendbarkeit der unterschiedlichen Hölzer.

Auch wir Menschen teilen bestimmte körperliche und geistig-seelische Grundbedürfnisse mit allen Menschen, doch sind wir darüber hinaus auch individuelle Wesen mit unseren ganz persönlichen Gaben und unserem einzigartigen Schicksal und Gewordensein. Jeder Mensch hat deshalb dieser Welt etwas zu geben, was nur er ihr in dieser Weise geben kann.

Jeder Mensch hat dieser Welt etwas zu geben, was nur er ihr in dieser Weise geben kann.

5. Bäume verwandeln sich unablässig. Sie nehmen teil an einem niemals stillstehenden Prozess des Werdens und Vergehens, des Wachsens und Absterbens. Besonders an unseren heimischen Laubbäumen sind die Veränderungen im Laufe des Jahres eindrücklich zu beobachten. Im Frühjahr erleben wir erfreut das Sprossen der Blätter und Blüten, im Sommer das Reifen der Früchte, im Herbst beobachten wir das Abwerfen von Laub, Früch-

ten und Samen, und im Winter sind wir Zeugen des stillen, unsichtbaren Kräftesammelns in Vorbereitung des kommenden neuen Jahres. – Wie alle Bäume, so sind auch wir Menschen in einem unaufhörlichen Veränderungsprozess, ob wir dies wollen oder nicht, ob es uns bewusst ist oder nicht. Nicht nur unsere äußere Gestalt wandelt sich im Lauf der Jahre und Jahrzehnte, auch die Herausforderungen und Aufgaben unseres Lebens sind immer wieder neu und anders – und sie sind häufig auch mit Loslassen und Abschiednehmen verbunden. Dieses „Urgesetz des Lebens“, das sich an den Bäumen studieren lässt – und uns Menschen doch oft schwer zu schaffen macht – , hat Hermann Hesse in einem Gedicht anschaulich dargestellt:

„Wie jede Blüte welkt und jede Jugend
dem Alter weicht, blüht jede Lebensstufe,
blüht jede Weisheit auch und jede Tugend
zu ihrer Zeit und darf nicht ewig dauern.
Es muss das Herz bei jedem Lebensrufe
bereit zum Abschied sein und Neubeginne,
um sich in Tapferkeit und ohne Trauern
in andre, neue Bindungen zu geben.
Und jedem Anfang wohnt ein Zauber inne,
der uns beschützt und der uns hilft zu leben . . .“[3]

6. Bäume sind in ständigem Kampf gegen Gefahren und Zerstörung.

Für einen Baum gibt es kein Paradies. Er ist in jedem Moment gefährdet – durch Wind und Wetter, zu viel Nässe oder Trockenheit, durch Verletzungen, die ihm zugefügt werden, oder durch Schädlinge und Gifte aller Art, die ihn „erobern“ und zerstören wollen. Kein Baum ist ausschließlich gesund; jeder hat seine morschen Äste, seine Wunden oder gefährdeten Stellen, an denen es nicht ums Früchtebringen geht, sondern ums schlichte Überleben.

Auch wir Menschen sind unablässig die Zielscheibe von Einflüssen und Angriffen, gegen die wir uns schützen müssen. Ich denke hier nicht nur an Viren, Bakterien und Krankheitskeime, sondern auch an geistige und seelische Gifte, die versuchen, in uns einzudringen – an Kräfte der Zerstörung oder auch nur der Ablenkung, die uns von dem für uns heilvollen Weg durchs Leben abbringen wollen. Das erfordert viel Energie, aber vor allem Wachsamkeit und ein klares Urteilsvermögen.

Bäume sind ein lebendiges und wunderschönes Beispiel dafür, dass allem Geben immer ein Nehmen vorausgeht.

Fazit: Bäume sind ein lebendiges und wunderschönes Beispiel dafür, dass allem Geben immer ein Nehmen vorausgeht. Aber auch dafür, dass „das Wesentliche für die Augen unsichtbar ist" (Saint-Exupéry). Während ich diese Zeilen im Schatten einer hohen Robinie („falsche Akazie") schreibe, ist die Luft erfüllt von einem leisen Summen unzähliger Bienen, die den weißen Blüten des Baumes ihren kostbaren Nektar entziehen. Ein herbsüßer, schwerer Duft hüllt mich ein, Blütenblätter fallen lautlos schwebend auf mich herab. Ich spüre: Der Baum lebt, er zieht Lebendiges an, und er trägt durch seinen Schatten, seinen Honig, seine Schönheit zum Glück meines Lebens und zum Glück dieses Tages bei. „Bäume sind Gedichte, die die Erde in den Himmel schreibt" (Kahlil Gibran) – aber es sind auch Gedichte, die wir lesen und verstehen müssen.

2. Die Rollen, die wir spielen

„Du weißt es: Wer gebraucht wird, ist nicht frei.
Ich aber brauche dich, wie's immer sei.
Ich sage ‚ich' und könnt auch sagen: ‚wir'."
Bertolt Brecht[4]

Auch wir Menschen sind unser Leben lang in das Wechselspiel von Geben und Nehmen eingebunden: Menschen sind für uns da – wir sind für Menschen da. Sie spielen in unserem Leben eine wichtige Rolle – und wir in ihrem.

Doch „eine Rolle spielen", damit kann in unserem Sprachgebrauch zweierlei gemeint sein. Es kann damit gemeint sein, dass etwas wichtig ist; das Gegenteil wird mit den Worten ausgedrückt: „Das spielt doch keine Rolle." Wer für einen anderen Menschen „eine Rolle" spielt, hat also in dessen Leben eine Bedeutung – sie sei groß oder klein, eher positiv oder eher negativ. Und in der Tat: Ich halte es für einen wichtigen Bestandteil des Lebensglücks, zu wissen: Es gibt einige Menschen, für die es nicht gleichgültig ist, ob es mich gibt oder nicht. Ob ich wohlauf bin oder nicht. Ob ich mit ihnen in Verbindung stehe oder nicht.

Ich halte es für einen wichtigen Bestandteil des Lebensglücks, zu wissen: Es gibt einige Menschen, für die es nicht gleichgültig ist, ob es mich gibt oder nicht.

Ein weiterer zentraler Baustein meines Glücks ist der Gedanke: Für Gott, meinen „himmlischen Vater", bin ich „wichtig“ – ihm ist mein Tun und Ergehen, mein Wohl und Wehe, mein Gedeih oder Verderb bestimmt nicht gleichgültig. Nicht, weil ich etwas Besonderes wäre, oder weil ich Gott oder Menschen so viel zu geben hätte, sondern weil ich *bin* – und weil ich sein Kind bin, eines seiner Geschöpfe.

„Eine Rolle spielen“ kann aber – denken wir an den Beruf des Schauspielers – auch etwas anderes bedeuten, nämlich: nicht die Person zu sein, die man in Wirklichkeit ist oder sein möchte, sondern diejenige zu sein, die andere Menschen von mir erwarten. Die ihren Vorstellungen entspricht. Die „in ihr Bild passt“ und nicht „aus dem Rahmen fällt“. Und die Gefahr besteht, dass ich im Umgang mit diesen Menschen auch nicht „echt“, nicht ganz „ich selbst“ bin, sondern dass ich die Rolle spiele, die ich meine, vor ihnen spielen zu müssen.

Welche Rollen, man könnte auch sagen: Welche Funktionen haben wir im Lauf unseres Lebens?

Zunächst einmal sind es familiäre Rollen, denen sich niemand von vornherein entziehen kann. Von Geburt bzw. Kindheit sind wir:

- Kind eines Vaters und einer Mutter
- Enkelkinder, Nichten oder Neffen, Cousins oder Cousinen usw.
- sofern wir Geschwister haben: Schwester oder Bruder.

Bezeichnend für diese Rollen ist: Wir haben sie uns nicht ausgesucht, sondern sozusagen „vorgefunden“.

Im Erwachsenenalter kommen je nach Möglichkeit und persönlicher Entscheidung weitere familiäre Rollen dazu. Wir sind eventuell (u. a.):

- Partner oder Partnerin in einer Lebensgemeinschaft
- Vater oder Mutter; später Großvater oder Großmutter.

Darüber hinaus gibt es eine Fülle an nichtfamiliären Rollen, die wir wählen können. Wir sind je nach Entscheidung:

- beruflich engagiert
- ehrenamtlich engagiert
- Freund oder Freundin
- Teil eines sozialen Umfelds, sei es bürgerliche Gemeinde, Kirchengemeinde, Nachbarschaft o. A.

Natürlich kann man, abgesehen von diesen Funktionen, in allen menschlichen Beziehungen auch „Teilrollen" spielen, indem man bestimmte Charakterzüge besonders stark entwickelt oder zur Schau stellt. Oft bahnt sich eine solche Entwicklung schon im Elternhaus an – entsprechend der Geschwisterposition oder der Anforderungen, die von Seiten der Eltern an das Kind gestellt werden. Da gibt es beispielsweise die Rolle der „Vernünftigen", die Rolle der „klaglos sich Aufopfernden", die Rolle des „schwarzen Schafs" oder dessen, der immer zwischen den Parteien vermitteln muss. Manche Menschen werden schon frühzeitig dazu erzogen, die Rolle der „Pflegeleichten" zu spielen, der „Tapferen" oder der „Zielstrebigen"... – Dabei wird häufig eine für die Umgebung besonders angenehme oder nützliche Persönlichkeitseigenschaft des Kindes so stark gefördert oder gefordert, dass andere Wesensmerkmale oder Veranlagungen zu sehr in den Hintergrund gedrängt werden und sich nicht angemessen entfalten können. Eine Freundin erzählte mir: „Als Kind war ich in meiner Familie willkommen. Ich musste mich nie kraftvoll durchsetzen und habe es auch nicht gelernt. Um keine Probleme zu bekommen, habe ich immer getan, was von mir erwartet wurde ...“ – Erst im Alter lernte sie durch großes Leid, sich abzugrenzen und auf eigene Grenzen Rücksicht zu nehmen.

„Um keine Probleme zu bekommen, habe ich immer getan, was von mir erwartet wurde ...“

?

Was fällt *Ihnen* spontan oder nach längerem Nachdenken beim Lesen dieser Zeilen dazu ein? Welche „Rolle“ haben *Sie* unter Umständen schon frühzeitig zu spielen gelernt – weil damit die meiste Anerkennung und das geringste Risiko an Ablehnung verbunden waren?

Keine Frage: Die Liste der möglichen Rollen, die wir spielen, ließe sich noch beliebig verlängern. Doch wenn man sich diese Liste vor Augen hält, so muss man feststellen: Alle Rollen, die wir freiwillig oder unfreiwillig in unserem Leben spielen, sind Medaillen, die zwei Seiten haben. Inwiefern?

Einerseits geben diese Rollen uns selbst eine Bedeutung und unserem Leben Sinn und Inhalt; sie füllen uns – zeitlich und seelisch – mehr oder weniger aus. Menschen, die für niemanden (mehr) eine Rolle spielen, leiden oft unter ihrer Einsamkeit, unter dem Gefühl des Überflüssigseins und der Sinnlosigkeit. Unsere Pflegeheime sind mit vielen solcher Menschen gefüllt. Manche von ihnen denken voll Wehmut an einen Albumvers aus ihrer Jugend: „Beklage nie den Morgen/ der Müh und Arbeit gibt/ es ist so schön zu sorgen/ für Menschen, die man liebt." Meist wird einem die Wahrheit dieses schlichten Verses erst bewusst, wenn es niemanden mehr gibt, für den und um den man (sich) sorgen kann.

Andererseits jedoch kann man nicht nur aufgehen, sondern auch untergehen in der Vielfalt der Rollen, die man spielt, und in der Menge der Anforderungen, die gestellt werden. Da bemüht man sich, ja rackert sich womöglich ab, es „allen recht zu machen", und hat dennoch das Gefühl, dass es nie genug ist und man sein „Soll" nie erreicht. Und vor lauter „Funktionieren" weiß man nicht mehr, wer man eigentlich selbst ist und was man im Grunde seines Herzens selbst will.

Man kann nicht nur aufgehen, sondern auch untergehen in der Vielfalt der Rollen, die man spielt, und in der Menge der Anforderungen, die gestellt werden.

Wer sich in dieser Situation befindet, muss damit rechnen, dass das Gleichgewicht von Geben und Nehmen im eigenen Leben nicht mehr existiert – oder noch nie existiert hat! Dann ist Gefahr in Verzug. Denn auf dauerndes Nachgeben folgt irgendwann das Aufgeben.

3. Was treibt uns? – Die inneren Antreiber und ihre Entstehung

Unser Leben ist das,
wozu unsere Gedanken es machen.
Mark Aurel

Klar dürfte bisher geworden sein: Es geht nicht darum, ob wir nur für uns selbst leben wollen oder auch für andere Menschen Zeit und Kraft investieren möchten. Ein seelisch und körperlich gesunder Mensch hat *selbstverständlich* Interesse daran, mit anderen Menschen das Leben zu teilen. Die Frage ist stattdessen, *welchen Menschen wir uns in welcher Form zuwenden wollen* – mit anderen Worten: *wie wir die an uns herangetragenen oder von uns gewählten und angenommenen Rollen ausfüllen möchten.*

!

Grundsätzlich sehe ich hier drei Möglichkeiten:

- Entweder wir gestalten diese Rollen so, wie wir meinen, dass es von uns erwartet wird – dann sind wir mehr oder weniger fremdbestimmt. Andere entscheiden über unsere Lebensgestaltung.
- Oder wir füllen diese Rollen so aus, wie wir selbst es wollen und für richtig halten – so, wie es

unserer Persönlichkeit, unseren Einstellungen und Bedürfnissen bzw. Fähigkeiten am besten entspricht. In diesem Fall sind wir mehr oder weniger selbstbestimmt:
Wir entscheiden, womit wir unsere Lebenszeit ausfüllen und wofür wir Kraft investieren.

- Dritte Möglichkeit: Wir suchen zwischen diesen beiden Wegen einen Kompromiss, der die Erwartungen und Wünsche *beider* Seiten berücksichtigt.

Auch Sie haben in Ihrem Leben schon viele Entscheidungen getroffen.

Welcher der drei Wege wurde dabei bisher von Ihnen am häufigsten gewählt? – „Das kommt darauf an", sagen Sie vielleicht. Worauf?

„Nun, zum Beispiel, um wen es sich dreht. Was für ein Verhältnis ich zu der Person habe. Wie viel Zeit und Kraft ich für diesen Menschen aufbringen möchte . . ." – Wirklich? Sind Sie sicher, dass dies die entscheidenden Weichen sind, nach denen sich Ihr „Rollenspiel" richtet? Das wäre erfreulich. Was ich hingegen in den unterschiedlichen Beziehungen häufig beobachte, sieht anders aus. Ich stelle fest:

Am meisten entscheidet in vielen Verhältnissen der „Psychodruck", dem wir ausgesetzt sind. Ich meine damit die bewusste oder unbewusste emotionale Macht, die ein anderer Mensch über uns und unser seelisches Wohlbefinden ausübt. Als Faustregel kann man sagen, dass diese Macht umso größer ist

- je mehr man vor einem Menschen oder seinem Verhalten Angst hat
- je mehr man einen Menschen liebt oder sich an ihn gebunden fühlt
- je mehr man durch „unerledigte Erfahrungen" an jemanden gekettet ist
- je mehr ein anderer Mensch es schafft, Schuldgefühle bei uns zu wecken
- je weniger man riskieren möchte, einen Menschen zu verletzen oder gar zu verlieren.

Häufig ist es ein und dieselbe Person, auf die gleich mehrere dieser Merkmale zutreffen. Ein Beispiel: Ein Mann teilt seiner Frau mit, dass er eine Freundin hat. Er erwartet von der Frau, dass sie ihm nach wie vor treu verbunden ist, in ihrem Zusammenleben nichts verändert und sich mit der Situation arrangiert. Schon auf bescheidene Distanzierungsversuche ihrerseits reagiert er mit panischer Wut, wodurch er sie in Angst und Schrecken versetzt. Seine Frau hat drei halbwüchsige Töchter mit ihm. Sie leidet unter der Untreue ihres Mannes extrem, ist aber trotz psychotherapeutischer Unterstützung auch nach über einem Jahr noch nicht in der Lage, ernsthafte Konsequenzen zu ziehen und die für sie außerordentlich belastende Situation zu verändern – oder zu beenden. Der Grund: Sie steht unter enormem psychischen Druck:

- Sie hat Angst vor der Unberechenbarkeit und den Wutanfällen ihres Mannes, wenn sie sich von ihm zurückzieht.
- Sie liebt ihren Mann trotz allem (sagt sie) und fühlt sich nach über 20 Jahren Ehe immer noch sehr an ihn gebunden, nicht nur wegen der Kinder.

- Sie lässt sich von ihrem Mann immer wieder einreden, „selbst schuld“ daran zu sein, dass er noch Liebe und Intimität bei einer anderen Frau sucht, d. h., er kann so etwas wie Schuldgefühle in ihr wecken.
- Sie hat Angst, ihren Mann, wenn sie Konsequenzen zieht, unter Umständen ganz zu verlieren, wodurch ihr Leben sich radikal ändern würde.

An diesem Beispiel wird eines sehr deutlich:

Der seelische Druck geht in der Regel nicht nur von der anderen Person aus, die Erwartungen an uns stellt, sondern er geht ebenso von uns selbst aus.

Der seelische Druck geht in der Regel nicht nur von der anderen Person aus, die Erwartungen an uns stellt, *sondern er geht ebenso von uns selbst aus.* Erst dieses Zusammenwirken macht den Druck so extrem wirkungsvoll.

Dies ist der Grund, weshalb wir etwas tun oder erdulden, obwohl es uns wehtut oder uns belastet, obwohl wir es *eigentlich* nicht möchten und nicht für richtig oder angemessen halten.

Ein anderes, alltäglicheres Beispiel macht dies vielleicht noch deutlicher:

Ein runder Geburtstag Ihrerseits steht ins Haus. Wie es in Ihrer Familie üblich ist, erwartet man, dass Sie anlässlich dieses Ereignisses ein großes Fest organisieren, zu dem die ganze Familie eingeladen wird. Sie fühlen sich einerseits in der Pflicht, diese Tradition zu pflegen, andererseits haben Sie keine Lust – im Gegenteil, es graust Ihnen eher davor. Sie wissen um die viele Arbeit, die ein solches Fest mit sich bringt, und Sie wissen, dass der „Jubilar“ selbst oft am wenigsten von einem solchen Tag hat, denn er ist in dauernder seelischer Anspannung, ob wohl auch alles klappt, ob sich alle Gäste wohl fühlen und auf ihre Kosten kommen. Auch zu längeren Gesprächen fehlt die nötige Ruhe und Konzentration. Aus diesem Grund würden Sie gern auf ein großes Fest verzichten und stattdessen am liebsten mit wenig Aufwand im kleinen Kreis feiern.

Wovon hängt es nun ab, welche Entscheidung Sie treffen?

Wieder meine ich: Es hängt in erster Linie davon ab, ob wir uns von den Erwartungen unseres sozialen Umfelds unter Druck setzen und bestimmen lassen – oder ob wir den Mut und die Kraft haben, diesem Druck *nicht* nachzugeben, sondern stattdessen so zu handeln, wie *wir* es für richtig und angemessen halten.

Allerdings ist es oft gar nicht so einfach, die Erwartungen, die man auf sich gerichtet fühlt, klar zu benennen bzw. zu unterscheiden. Doch nur wenn diese Erwartungen erkannt – und benannt – werden, kann man sich mit ihnen auch kritisch auseinander setzen, anstatt sich von ihnen „antreiben" zu lassen. Dies ist wiederum die Voraussetzung dafür, dass man unter Umständen klar Stellung bezieht und sich möglicherweise entschieden gegen eine Erwartungen abgrenzt.

Es ist oft gar nicht so einfach, die Erwartungen, die man auf sich gerichtet fühlt, klar zu benennen bzw. zu unterscheiden.

! Wie aber erkennen wir, was von uns erwartet wird? Auch hier gibt es natürlich mehrere Möglichkeiten:

- Erwartungen können direkt verbal (d. h. mit klaren Worten) geäußert werden, beispielsweise indem eine Mutter zu ihrer Tochter sagt: „Ich würde den Heiligen Abend gerne bei dir verbringen!"

- Erwartungen können indirekt verbal geäußert werden – durch Anspielungen, oder indem Wünsche „verpackt" werden, beispielsweise indem die Mutter in der Adventszeit verkündet: „Als ich letztes Jahr so allein war an Heiligabend, das war furchtbar!"
- Erwartungen können indirekt *und* nicht verbal, sondern mittels „Körpersprache" dem anderen mitgeteilt werden, beispielsweise indem die Mutter beleidigt schweigt oder feuchte Augen bekommt, nachdem die Tochter ihr mitgeteilt hat, dass sie dieses Jahr Heiligabend mit ihrer Familie gerne allein feiern möchte.

In welchem der drei Fälle ist es am ehesten möglich, ein offenes Gespräch über die gegenseitigen Erwartungen zu führen?

Natürlich im ersten Fall. Wer Wünsche klar äußert, ermöglicht auch eine offene Stellungnahme dazu. Allerdings wird diese Offenheit häufig dadurch beeinträchtigt, dass der „Wunschempfänger" genau zu wissen meint, was im Falle einer offenen Ablehnung des Wunsches auf ihn zukommt. Aus Angst vor dieser, wie er meint absehbaren Reaktion verzichtet er auf eine ehrliche Antwort.

Bei der zweiten Möglichkeit ist eine offene Antwort dadurch erschwert, dass der Wunsch nicht direkt, sondern indirekt geäußert wurde. In diesem Fall müsste nämlich erst einmal geklärt werden, was sich eigentlich für eine Erwartung hinter der Anspielung verbirgt. Die

Tochter müsste beispielsweise die Mutter fragen: „Willst du damit sagen, dass es dir recht wäre, wenn du Heiligabend bei uns verbringen könntest?“ Erst *nach* dieser Klärung ist eine klare Äußerung der Tochter möglich und sinnvoll. Wer jedoch diesen Klärungsschritt überspringt und sofort reagiert („Ich weiß doch genau, was er/sie meint!“), läuft Gefahr, dem anderen eine Erwartung zu unterstellen, die dieser gar nicht hat.[5]

Am schwierigsten ist es allerdings, sich gegen indirekt *und* nonverbal mitgeteilte Erwartungen abzugrenzen. Dies verlangt nämlich vom Empfänger wie schon im vorigen Fall, dass er die indirekte Botschaft des anderen zuerst sich selbst bewusst macht („Was will er/sie mir eigentlich sagen?“). Andernfalls reagiert er unbewusst und damit in der Regel „ferngesteuert“ und unfrei. Zum anderen verlangt diese Art der Einflussnahme, dass der Empfänger das, was er zu spüren meint, zum Ausdruck bringt und dem Sender als Frage rückmeldet: „So wie du reagierst, habe ich den Eindruck, es enttäuscht dich, dass wir Heiligabend alleine feiern wollen. Ist das richtig oder täusche ich mich?“ – Erst wenn wir uns bis zu dieser Ebene der Kommunikation „durchgearbeitet“ haben, ist eine offene Stellungnahme von beiden Seiten möglich.

Weshalb passiert es so häufig, dass die Erwartungen, denen wir uns ausgesetzt fühlen, von uns nur „gefühlt“, jedoch von der anderen Seite nicht klar und deutlich benannt werden?

Die spannende Frage ist: Weshalb passiert es so häufig, dass die Erwartungen, denen wir uns ausgesetzt fühlen, von uns nur „gefühlt“, jedoch von der anderen Seite nicht klar und deutlich benannt werden?

Weil Klarheit und Offenheit immer ein anstrengendes und riskantes Unterfangen ist. Es ist viel bequemer und ungefährlicher, heikle oder kritische Dinge sowie Wünsche „durch die Blume" zu sagen und damit „um den heißen Brei herumzureden" – so kann man sich schon nicht die Finger verbrennen und keine Abfuhr kassieren! Hinzu kommt, dass viele Menschen sich selbst nicht darüber im Klaren sind, was sie eigentlich von anderen erwarten – und deshalb unbewusste Signale aussenden.

Wer sich hinter Andeutungen versteckt, kann im Übrigen auch elegant ausweichen. Ein Beispiel: Eine Frau sagt zu einer anderen Frau: „So schön wie du möchte ich's auch mal haben!" Die Frau möchte nicht falsch reagieren und fragt besonnen zurück: „Willst du damit sagen, dass ich es leichter habe als du?" – Antwort: „So habe ich das nicht gemeint!" Und schon ist man „so klug als wie zuvor" und weiß immer noch nicht, was das Gegenüber eigentlich zum Ausdruck bringen wollte. Entweder behält man ein unbehagliches Gefühl zurück – oder man fragt beharrlich nach: „*Wie* hast du es denn gemeint?", was wiederum Mut und Offenheit auf *beiden* Seiten voraussetzt.

Allerdings kann es auch sein, dass man eine bestimmte Erwartung von anderer Seite vermutet oder empfindet, *ohne dass dies der Wirklichkeit entspricht* – z. B. weil man sie an sich selbst stellt und von sich auf sein Gegenüber schließt.

Ein Beispiel: Mein Mann kocht gern, und es macht ihm oft Freude, etwas Besonderes aufzutischen, wenn wir Gäste einladen. Nach einigen solcher Einladungen stellten wir fest, dass die Gegeneinladungen häufig mit ebenso aufwändigen Mahlzeiten verbunden waren oder uns unter wortreichen Entschuldigungen etwas „ganz Einfaches“ serviert wurde. Wir merkten: Unsere Gastgeber setzten sich selbst unter Druck mit der Annahme, wir würden sicher ein ebenso aufwändiges Essen von ihnen erwarten, wie sie es bei uns genossen hatten. Doch diese Erwartung entsprach in keiner Weise den Tatsachen, sondern war schlicht und einfach eine falsche Annahme, die quasi auf uns „projiziert“ wurde!

Leider macht es in der Praxis keinen Unterschied, ob ich eine Erwartung erfülle, die deutlich an mich herangetragen wird, oder ob ich mich nach Erwartungen richte, von denen ich nur *annehme* oder *vermute*, dass sie an mich gestellt werden: In beiden Fällen bin ich in Gefahr, nicht auf mich selbst und meine inneren Grenzen zu hören (was will ich, was kann ich leisten?), sondern „zu funktionieren“ und mich antreiben zu lassen – ohne auf die Balance des Gebens und Nehmens in meinem Leben in gebührender Weise Rücksicht zu nehmen.

Wir ahnen es schon: Neben den „äußeren Antreibern“ spielen offenbar auch unsere *inneren* Antreiber eine entscheidende Rolle. Sie sind der Humus, der fruchtbare Boden, ohne den die Samenkörner der Wünsche, die andere an uns haben, gar nicht aufgehen könnten.

Neben den „äußeren Antreibern“ spielen offenbar auch unsere inneren Antreiber eine entscheidende Rolle.

Solche Antreiber sind meist Impulse aus den Tiefen unseres Unterbewusstseins, deren Wurzeln wiederum in Kindheit und Erziehung, unter Umständen auch in dem Wertesystem unserer aktuellen Umgebung, zu suchen sind.

Hier seien nur einige mögliche Antreiber genannt:

- „Denke nicht an dich selbst, sondern an die anderen!“
- „Mache keine Fehler und zeige keine Schwächen! Sei perfekt!“
- „Verhalte dich so, dass alle mit dir zufrieden sind!“
- „Lass dir nichts schenken; im Leben bekommt man nichts geschenkt!“
- „Erzähle anderen nicht von deinen Problemen; sie könnten dich verachten!“
- „Sei fleißig und immer in Bewegung!“
- „Werde nicht wütend und schlucke deinen Zorn hinunter!“
- „Sei nie zufrieden mit dir!“

Viele dieser Botschaften sind uns von unseren Eltern schon „in die Wiege gelegt“ worden – sie waren ein Teil der Prinzipien, die sie selbst verinnerlicht hatten und uns, bewusst oder unbewusst, auf den Lebensweg mitgaben.

Andere Antreiber wiederum sind Folgen tiefer Verletzungen, die wir im Lauf unseres Lebens erlitten und nur unzureichend verarbeitet haben. So wie man ein schmerzendes Bein automatisch nicht mehr richtig belastet, so erzeugen auch schlecht oder gar nicht geheilte Wunden unserer Seele häufig rigide und starre Verhaltensweisen. Wir schützen uns damit und erreichen zumindest, dass wir den Schmerz der unverheilten Wunde nicht immer wieder spüren müssen, sondern verdrängen können. Ein Beispiel: In vielen Familien oder Ehen gibt es Tabuthemen oder Tabupersonen, über die nicht gesprochen werden darf. In der Regel sind diese Tabus die Folge schwerer Kränkungserfahrungen, die nicht verarbeitet wurden – beispielsweise Scheidungen, Erbstreitigkeiten, Todesfälle, Ungerechtigkeiten, Enttäuschungen, Beleidigungen, Missbrauch, Gewalt und vieles andere mehr.

Grundsätzlich steht jedoch hinter jedem unserer inneren Antreiber irgendeine Form der Angst. Diese Angst kann uns eingeimpft sein, sie kann die Folge von Erfahrungen sein, oder auch ein Teil unseres innersten Wesens. Aus dieser Angst entspringt die enorme Energie, die den Antreiber kennzeichnet – aber auch seine Zwanghaftigkeit: Er macht uns unfrei und raubt uns die Freude am Leben oder an der Sache sowie die innere Gelassenheit.

Grundsätzlich steht hinter jedem unserer inneren Antreiber irgendeine Form der Angst.

Doch gleichgültig, woher die inneren Antreiber kommen: Die große Gefahr, die mit ihnen verbunden ist, besteht darin – ich wiederhole –, dass sie die Regeln der gesunden Balance von Geben und Nehmen, von Hingabe und Abgrenzung, missachten. Dadurch verleiten sie uns auf direktem Weg zu einem selbstschädigenden Verhalten.

Stellen Sie sich vor, ein Baum hätte den inneren Antreiber: „Du sollst nur noch Früchte tragen – ohne Unterlass!“ Er würde nach kurzer Zeit krank werden und absterben, weil er gegen die Gesetze seiner Natur verstoßen hat. Auch wir Menschen werden irgendwann krank, wenn wir diese Gesetze missachten. Leider ist der Mensch oft nicht in der Lage, die Ursache seiner körperlichen oder seelischen Verstimmung bzw. Krankheit mit der Missachtung seiner inneren Balance in Verbindung zu bringen. Er sucht die Ursachen eher in äußeren Umständen – anstatt in der Missachtung seiner elementaren Lebensbedürfnisse. Dafür im nächsten Abschnitt ein biblisches Beispiel.

4. Maria und Marta – zwei ungleiche Schwestern

Im zehnten Kapitel des Lukasevangeliums wird uns ein kurzer, aber sehr interessanter Dialog Jesu mit einer Frau namens Marta berichtet. Jesus war mit ihr, ihrer Schwester Maria und ihrem Bruder Lazarus offenbar befreundet. Ich zitiere (Verse 38–41):

„Jesus war unterwegs und ging in ein Dorf, wo ihn eine Frau, genannt Marta, in ihrem Haus aufnahm. Sie hatte eine Schwester mit Namen Maria. Diese setzte sich zu Füßen des Herrn und hörte seiner Rede zu.

Marta hingegen war völlig in Anspruch genommen davon, zu dienen.

Sie trat zu Jesus und sagte: „Herr, kümmert es dich nicht, dass meine Schwester mich allein lässt mit all der Arbeit? Sag ihr doch, dass sie mir helfen soll!" Jesus antwortete ihr: „Marta, Marta, du machst dir Sorge und regst dich über vieles auf, aber man braucht nur eins. Maria hat sich also den guten Teil gewählt – der soll ihr nicht genommen werden."

Zwei Schwestern, Maria und Marta – der Bruder spielt hier keine Rolle. Wer ist die Ältere? Ich bin mir sicher, es ist Marta. Sie ist die Hausherrin, sie nimmt Jesus gastlich auf und stürzt sich in die Arbeit der Bewirtung.

Auf den Ältesten ruht in vielen Familien die Last der Verantwortung – das ist ihre Rolle, das prägt ihren

Charakter. Sie suchen sich laut einigen Untersuchungen auch im späteren Leben gern Führungspositionen aus; sie sind gewissenhaft, oft auch ehrgeizig, ja gelegentlich sogar dominant und herrschsüchtig. Marta scheint eine typische Erstgeborene zu sein: pflichtbewusst, verantwortungsbewusst und diszipliniert. Kaum ist der Besuch da, verschwindet sie in die Küche, wie es die Rolle der Frau damals vorschrieb.

Und Maria? Maria fällt aus der Rolle. Eine Frau durfte sich damals nicht im gleichen Raum mit fremden Männern aufhalten. Maria ist das egal; sie ist fasziniert von Jesus, sie will Jesus zuhören und das tut sie auch. – Typisch für Jüngere und Jüngste ist, dass sie es gegenüber den Eltern oft leichter haben und deshalb eher ihren eigenen Weg gehen und tun, was sie wollen.

Rein theoretisch hätte nun Marta sagen können: „Eigentlich hat Maria Recht, essen können wir auch später und außerdem etwas Einfaches. Eigentlich hätte ich auch Lust, Jesus zuzuhören . . .“ Marta hätte Marias Verhalten als Anstoß nehmen können, über ihr eigenes Handeln nachzudenken und vielleicht ebenfalls aus ihrer Rolle auszubrechen. Dies tut sie aber nicht, sondern sie ärgert sich über Maria. Weshalb? Weil sie die Schwester um ihre Freiheit beneidet. Neid – Missgunst – bedeutet: Ich gönne dir das nicht, was du da hast, bist oder tust. Ich gönne dir nicht, dass du dir etwas erlaubst, wozu ich nicht den Mut habe. Neid bedeutet: Ich will dich so unzufrieden, so zu kurz gekommen wie mich.

Neid ist immer ein Zeichen dafür, dass man mit der eigenen Situation nicht zufrieden ist.

Neid ist immer ein Zeichen dafür, dass man mit der *eigenen Situation* nicht zufrieden ist. Aber anstatt etwas bei sich zu ändern – was Mut und Anstrengung erfordern würde –, versucht man lieber, den andern zu ändern: ihn zurückzuholen, kleinzukriegen, ihn zu kritisieren, abzuwerten.

Die Angst oder das Gefühl, zu kurz zu kommen, ist – neben der Unzufriedenheit – die große Triebfeder des Neides. – Natürlich ist es ungerecht, wenn Marta schuftet und Maria lauscht den Worten Jesu. Keine Frage! Aber anstatt dass Marta sich fragt, *warum* sie meint, unbedingt ein Essen auf den Tisch stellen zu müssen – schließlich ist sie keine Gastwirtin, sondern Freundin Jesu – versucht sie, Jesus vor ihren Karren zu spannen, um Maria zurückzupfeifen. Marta geht empört zu Jesus und sagt: „Herr, kümmert es dich nicht, dass meine Schwester mich allein lässt mit all der Arbeit? Sag ihr doch, dass sie mir helfen soll.“ Das ist eindeutig. Jesus soll Maria in genau die Schranken verweisen, die Marta sich selbst auferlegt und die sie selbst nicht zu durchbrechen wagt. Er soll Marta darin unterstützen, das Problem nicht bei sich selbst zu suchen, sondern bei der „egoistischen“ Schwester: „Sie ist schuld, dass es mir schlecht geht.“

Wer von uns kennt sie nicht, diese Art von Anklage und Schuldzuweisung: „Ich leide nur, weil du so bist, weil du meine Erwartungen dauernd enttäuschst. Würdest du mehr auf mich eingehen, wäre ich der glücklichste Mensch.“

Jesus verweigert sich dem Wunsch der Marta. Er will, dass sie über sich und ihr Verhalten nachdenkt – anstatt die Schwester zu verurteilen und damit vor sich selbst davonzulaufen. Glaube, wie Jesus ihn fordert und fördert, soll bewirken, dass wir bewusster und wacher werden: für unsere eigenen Gedanken, Gefühle und Prägungen, auch für unsere inneren Antreiber! Denn gerade die belastenden oder frustrierenden Situationen und Erfah-

Gerade die belastenden oder frustrierenden Situationen und Erfahrungen in unserem Leben können Tore zu mehr Bewusstheit sein.

rungen in unserem Leben können Tore zu mehr Bewusstheit sein. Der indische Theologe Anthony de Mello schreibt, dass Leiden uns oft gegeben wird, „um uns die Augen für die Wahrheit zu öffnen und um zu verstehen, dass es irgendwo Unwahrheit gibt in unserem Leben, genauso wie ein körperlicher Schmerz zu verstehen gibt, dass an einer Stelle etwas krank ist".[6]

Jesus ist nicht bereit, das Leiden der Marta dadurch zu beenden, dass er auch Maria in die Küche schickt. Seine Antwort macht dies deutlich: „Marta, Marta, du sorgst dich um vieles und lässt dich davon in Unruhe versetzen." – *Du* machst dir Sorge. *Du* regst dich auf. Nicht Maria ist das Problem – du selbst hast die Verantwortung für deinen Ärger, deine Eifersucht. Doch ist aus der Antwort Jesu durchaus auch Anerkennung herauszuhören: „Marta, ich sehe deinen Einsatz sehr wohl. Ich schätze ihn auch nicht gering. Aber Maria hat eine andere Entscheidung getroffen, was ihr gutes Recht ist." Seine Antwort geht jedoch noch weiter: „Maria hat das gute Teil gewählt" – mit anderen Worten: Sie hat erkannt, was sie wirklich braucht – „das werde ich ihr nicht wegnehmen."

Vielleicht tue ich Marta Unrecht, aber ich habe den Eindruck: Sie definierte sich über ihre Leistung und die hieß: dienen; dasein für andere. Doch ich betone: Je getriebener wir sind, desto unfreier – *und* unbewusster! – sind wir in unserem Denken und Verhalten. Desto mehr lassen wir uns in Rollen und Korsette zwängen, ohne unsere Motive zu prüfen oder den Preis abzuwägen, den wir dafür bezahlen müssen.

Jesus wollte den Menschen seiner Zeit – ebenso wie uns – klar machen: Als Freunde Gottes, als Söhne und Töchter Gottes sind wir erst einmal und vor allem anderen anerkannt und wertgeschätzt so, wie wir sind. Dieser Wert, den wir für Gott haben, hängt nicht von irgendeiner Leistung ab, die wir für ihn oder für Menschen erbringen. Ich nenne diese Lebensgrundlage ein „Getragensein" – im Gegensatz zu der Lebensform, die – wie bei Marta – vom „Getriebensein" bestimmt ist.

Maria ist das Beispiel eines Menschen, der auf seine innere Stimme hört und die Balance von Geben und Nehmen respektiert.

Maria ist für mich das Beispiel eines Menschen, der auf seine innere Stimme hört und die Balance von Geben und Nehmen respektiert. Diese innere Stimme sagt ihr, wann sie sich zugestehen darf, die „Nehmende" zu sein. Wann sie etwas für ihren Wurzelgrund tun darf – ja: tun muss. Und weil Maria gelernt hat, auf diese innere Stimme zu hören, setzt sie sich zu Jesu Füßen. Sie erlaubt sich, nichts zu tun. Einfach nur dazusitzen und Jesus zuzuhören. Sie erlaubt sich, sich beschenken zu lassen. Dabei macht sie sich keine Sorgen, was andere von ihr halten oder denken werden. Denn sie weiß: Jesus ist auf ihrer Seite. Und weiter spürt sie: Ich brauche diese Worte. Ich brauche diese geistige Nahrung. Ich lebe davon. Sie gibt mir Kraft.

Ich bin überzeugt: Jeder Mensch hat beide Personen in sich – Marta und Maria. Beide Seiten spüre ich auch in mir. Doch ich habe das Ziel, dass sich beide Anteile die Waage halten. Das setzt voraus, dass das Getragensein in meinem Denken, Fühlen und Handeln immer mehr in den Vordergrund tritt. Dies kann nur gelingen, wenn man die Pflege des eigenen Wurzelbodens zu einem ebenso wichtigen Teil des Lebens – auch des Alltags! – macht, wie das Erreichen von Zielen und die Erfüllung von Pflichten und Aufgaben. Dazu später mehr.

Fragen zum Nachdenken:

- Gehe ich selbst gut mit mir um und wenn ja, woran mache ich dies fest?
- Gibt es in meinem Leben Beziehungen, wo ich mehr der/die Gebende bin? Wenn ja, warum? Fühle ich mich wohl dabei?
- Gibt es in meinem Leben Beziehungen, wo ich mehr der/die Nehmende bin? Wenn ja, warum? Fühle ich mich wohl dabei?

5. Wurzelpflege – die Kunst des Nehmens und Annehmens

„Rast! Gast sein einmal.
Nicht immer selbst seine Wünsche bewirten
mit kärglicher Kost.
Nicht immer feindlich nach allem fassen;
einmal sich alles geschehen lassen und wissen:
Was geschieht, ist gut."
Rainer Maria Rilke[7]

Um gezielt das Gleichgewicht zwischen Geben und Nehmen, zwischen seelischem Energieverbrauch und seelischer Energiegewinnung zu verbessern, bedarf es zunächst einer gründlichen Überprüfung des Ist-Zustandes. Die Ursachen müssen erkannt werden, die uns bisher daran gehindert haben, im notwendigen Maß dieses Gleichgewicht zu pflegen. Von den Hauptursachen des Ungleichgewichts, die ich im Folgenden aufliste, wurden einige schon angesprochen:

- Elterliches Vorbild

Wer sich mit dem Lebensplan und den Lebenswerten der eigenen Eltern nicht bewusst auseinander gesetzt hat, neigt dazu, ihre Werte und Ziele unreflektiert zu übernehmen – seien sie hilfreich oder schädlich!

- Fehlende Wahrnehmung der eigenen Bedürfnisse und inneren Signale

Wer als Kind zu oft in seinen vitalen Bedürfnissen missachtet oder verletzt wurde, wird dadurch „abgehärtet".

Die Erfahrung zeigt: Wer als Kind zu oft in seinen vitalen Bedürfnissen missachtet oder verletzt wurde, wird dadurch „abgehärtet". Dies kann durchaus bedeuten, dass diese Menschen ein hohes Maß an Ausdauer und Belastbarkeit entwickeln, doch die Kehrseite ist, dass sie gelernt haben, ihren physischen und psychischen Bedürfnissen wenig Beachtung zu schenken. Die elterliche Missachtung wurde quasi verinnerlicht. Solche Menschen sind im Erwachsenenalter oft stolz darauf, was sie sich alles zumuten, was sie „wegstecken" und wie heldenhaft sie vieles ertragen. Leider haben sie nicht begriffen, dass das Ernstnehmen der eigenen Bedürfnisse und Grenzen ein wesentlicher Teil des guten Umgangs mit sich selbst ist, der auch nachhaltige Auswirkungen auf das körperliche Befinden hat.

Viele Menschen bauen ihr Selbstbewusstsein in erster Linie auf ihr Tun auf: Je mehr man leistet, desto wertvoller ist man, desto mehr Anerkennung bekommt man von der Umgebung.

Nicht zu vergessen gehen Menschen, die sich selbst wenig Schonung oder Fürsorge gönnen, auch mit ihren Mitmenschen häufig hart und uneinfühlsam um, sodass sie diesen ebenfalls nicht gerecht werden und nicht gut tun.

- Fehlendes Respektieren der eigenen Grenzen

Viele Menschen bauen ihr Selbstbewusstsein in erster Linie auf ihr Tun auf: Je mehr man leistet, desto wertvoller ist man, desto mehr Anerkennung bekommt man von der Umgebung. Wer hingegen die Grenzen der eigenen Belastbarkeit erkennt und anerkennt, begrenzt damit automatisch auch seine Leistungsfähigkeit: Er ist eben *nicht* unendlich belastbar und immer stark, immer fleißig, immer zur Stelle, wenn er gebraucht wird. Stattdessen hat ein solcher Mensch gelernt, auch zu sagen: „Nein, das ist mir zu viel. Nein, das übersteigt meine Kräfte. Nein, das kann und will ich mir nicht mehr zumuten." Eine solche Verweigerung erfordert Mut, denn man geht das Risiko ein, von den Mitmenschen für egoistisch oder schwach gehalten zu werden ... und wer möchte das schon?

Interessanterweise finden sich in der Bibel immer wieder Berichte über Menschen, die am Ende ihrer Kräfte waren und dies auch Gott gegenüber zum Ausdruck brachten. Zwei Beispiele aus dem Alten Testament:

– Mose hatte die Aufgabe, sein Volk durch die Wüste in das von Gott versprochene Land, „wo Milch und Honig fließen", zu bringen. Aufgrund vieler unvorhergesehener Krisen und Zwischenfälle zog sich die Wüstenwanderung lange hin; außerdem war die Führungsrolle sehr anstrengend. Eines Tages kam Mose an seine Grenzen und teilte Gott mit, dass ihm „die Last des Volkes" zu schwer sei und er dringend Entlastung benötige. Daraufhin erwählte Gott siebzig „Älteste", die Mose bei seiner Aufgabe unterstützten. (4. Buch Mose, Kapitel 11)

– Der Prophet Elia hatte im Namen Gottes Enormes geleistet und dabei beträchtlichen Mut gezeigt. Seine Aktivitäten wurden jedoch von der Frau des herrschenden Königs als ungeheure Provokation betrachtet, und man überbrachte Elia die Nachricht, dass die Königin ihn umbringen lassen wolle. Das war zu viel – Elia kam an seine Grenzen. Er flüchtete in die Wüste, setzte sich unter einen Wacholderstrauch und sagte zu Gott: „Ich kann nicht mehr, Herr, bitte lass mich sterben – ich bin kein Übermensch." Daraufhin, so lesen wir, sandte Gott mehrmals hintereinander einen Boten (Engel), der ihn stärkte, sodass Elia wieder Lebensmut fasste. (1. Könige 19)

- Geltungsbedürfnis

Geltungsbedürftige Menschen ziehen ihr Selbstwertgefühl in erster Linie aus der Anerkennung und Bewunderung anderer Menschen. *Sie* sollen ihnen den Wert attestieren, den sie selbst sich nicht geben können. Geltungsbedürftige Menschen zeichnen sich auch häufig durch Ehrgeiz und eine auffallende Rastlosigkeit aus, wie es in einer Gedichtstrophe von Wilhelm Busch angedeutet wird:

„Wirklich, er war unentbehrlich!
Überall, wo was geschah
Zu dem Wohle der Gemeinde
Er war tätig, er war da ..."[8]

Dieses Geltungsbedürfnis, das sich, vor allem in christlichen Kreisen, gerne als „selbstlose Nächstenliebe" ausgibt, führt in seiner inneren Zwanghaftigkeit ebenfalls dazu, dass der eigenen seelischen Regeneration kein Raum gegeben wird. In dieser Zeit des Untätigseins würde schließlich die Droge „Anerkennung und Wichtigkeit" fehlen, was zu „Entzugserscheinungen" führen könnte.

- Unfähigkeit, Nein zu sagen

Das Erkennen und Anerkennen der eigenen Grenzen führt noch nicht zwangsläufig dazu, sich gegenüber Erwartungen Dritter klar abgrenzen zu können. Dies muss geübt werden – und erfordert ein hohes Maß an Selbstbewusstsein und „Frustrationstoleranz". Damit ist gemeint, dass die Empfänger unserer Ablehnung oft verständnislos und unfreundlich reagieren. Sie bezichtigen uns des Egoismus oder bezeichnen uns als Schwächlinge, kurz: Sie setzen uns mit Frustration und Aggression unter Druck, zumal wenn wir bisher nach ihren Vorstellungen „funktioniert" haben. Diese Aggression gilt es auszuhalten, anstatt klein beizugeben und „um des lieben Friedens willen" die eigenen Grenzen – wieder einmal – zu missachten.

- Furcht vor der Ruhe

Viele Menschen verweigern ihrem Körper und ihrer Seele die notwendigen Zeiten der Muße und des Kräftesammelns, weil sie die damit verbundene Ruhe instinktiv scheuen. Sie ahnen, dass ihre innere Stimme sich dann melden würde. Sie ahnen, dass manches, was verdrängt und verschüttet wurde, möglicherweise wieder aufbrechen könnte. Ich vermute, dass deshalb auch viele Freizeitaktivitäten dem Wunsch entspringen, sozusagen vor sich selbst davonzulaufen, sich abzulenken („Freizeitstress"). Selbst scheinbar harmlose Gewohnheiten wie das dauernde Dudeln des Radios oder des Fernsehers oder das geradezu suchtartige Surfen im Internet (z. B. in Form der Teilnahme an Versteigerungen) können diesen Zweck erfüllen.

- Leistungsfrömmigkeit

Es gibt auch unter Christen und Christinnen viele, die es als Zeichen besonderer Gottes- und Nächstenliebe ansehen, sich im Dienst für Gott oder den Nächsten mög-

Es gibt auch unter Christen und Christinnen viele, die es als Zeichen besonderer Gottes- und Nächstenliebe ansehen, sich im Dienst für Gott oder den Nächsten möglichst rücksichtslos selbst auszubeuten.

lichst rücksichtslos selbst auszubeuten. Sie scheinen zu glauben, dass Gott dies als besonderen Liebesbeweis oder als besonders anerkennenswerte Leistung ansieht. Man könnte auch sagen: Das Leistungsdenken unserer Kultur und Gesellschaft wird auf Gott übertragen bzw. projiziert.

Sicher lassen sich noch zahlreiche weitere Gründe finden, weshalb Menschen gegen das Prinzip des Gleichgewichts von Geben und Nehmen verstoßen.

Und selbstverständlich gibt es im Leben eines jeden Menschen auch Tage oder Wochen – im äußersten Fall sogar Monate oder Jahre –, wo es ihm aus verschiedenen Gründen nicht möglich ist, immer auf ausreichende Erholungszeiten zu achten. Ich denke hier an Zeiten, wo die Kinder klein sind, wo wir Angehörige oder Freunde in schweren Lebenslagen zu betreuen haben, wo mehrere Aufgaben gleichzeitig ihrer Fertigstellung harren und nicht aufgeschoben werden können, wo an der Arbeitsstelle besonders viele Überstunden anfallen usw. Dies ist so lange kein Grund zur Besorgnis, so lange wir spüren, dass unsere Kräfte ausreichen.

Worum es in diesem Buch jedoch geht, sind mehr oder weniger chronisch gewordene Mangelzustände. In der psychologischen Fachsprache werden sie mit dem anschaulichen Begriff „burnout" umschrieben, zu Deutsch: ausgebrannt. Der betroffene Mensch – häufig sind es Frauen und Männer in sozialen Berufen, bei denen das Für-andere-da-sein-müssen ein wesentlicher Teil der täglichen Arbeit ist – fühlt sich wie ein Ofen, dessen Holz- oder Kohlevorräte verbrannt sind. Übrig ist nur noch Asche, vielleicht etwas Restglut. Der Ofen sollte weiterhin Wärme spenden, Energie nach außen abgeben – doch es fehlt die Quelle dieser Energie, nämlich das Feuer. Es erlosch, weil ihm keine „Nahrung" mehr zur Verfügung stand.

Die Frage, um die es deshalb geht, lautet: Wie lässt sich dieser Mangelzustand verhindern bzw. beenden?

Die Antwort – anknüpfend an das Bild des Baumes –: Auf die Dauer hilft hier nur eine sorgfältige und regelmäßige Pflege des eigenen Wurzelgrundes. Diese Pflege besteht aus einem einfühlsamen und achtsamen Umgang:

- mit sich selbst (Körper, Geist und Seele)
- mit seinen Mitmenschen (vor allem mit jenen, die unser Leben teilen) und der Natur
- mit Gott/mit der eigenen Spiritualität (dies setzt allerdings voraus, dass man zur Spiritualität einen Zugang hat oder sucht).

Der achtsame Umgang mit sich selbst

Beginnen wir mit der körperlichen Ebene. Wer seinen Körper gut behandeln möchte, achtet zunächst auf seine Ernährung: Welchen Nährwert haben die Lebensmittel, die ich einkaufe? Wie sind sie erzeugt und hergestellt worden? Wie viele Schad- und Giftstoffe sind in ihnen möglicherweise enthalten? Viele Menschen sparen ausgerechnet an ihrer gesunden Ernährung – dies ist eine weit verbreitete Form des lieblosen Umgangs mit dem eigenen Körper.

Auch mit Genussgiften (Nikotin, Alkohol etc.) sollte achtsam umgegangen werden, ebenso mit Medikamenten.

Darüber hinaus gehört zur Körperpflege nicht nur die äußerliche Hygiene, sondern auch ein ausreichendes Maß an Schlaf sowie an Bewegung. Beides dient nachweislich sowohl der Stärkung des Immunsystems und vieler anderer körperlicher Ressourcen, als auch der Regeneration von Geist und Seele: „Die Seele wird vom Pflastertreten krumm . . .!“

Auffallend wenig gelernt und geübt wird die sensible Aufmerksamkeit den eigenen körperlichen Signalen gegenüber.

Auffallend wenig gelernt und geübt wird jedoch die sensible Aufmerksamkeit den eigenen körperlichen Signalen gegenüber. Vor allem Männer zeichnen sich nach wie vor dadurch aus, dass sie bei Beschwerden oft viel zu spät einen Arzt aufsuchen. Die verminderte Lebenserwartung von Männern gegenüber Frauen dürfte hier eine ihrer Ursachen haben. Doch in dem Maß, wie Frauen sich durch zu viele Rollen, die sie spielen – Beruf, Partnerschaft, Mutterschaft, Pflege von Angehörigen, Pflege des Haushalts, um nur einige mögliche Funktionen zu benennen – in ein strenges Pflichtenkorsett einschnüren, das wenig Spielraum für die Wahrnehmung eigener Bedürfnisse lässt, stehen sie ebenfalls in Gefahr, mit den eigenen Ressourcen ausbeuterisch umzugehen und irgendwann ausgebrannt zu sein.

Einer Ampel ähnlich schaltet unser Körper bei Belastungen und Mangelzuständen allerdings in der Regel nicht sofort auf „Rot“ = „Stop“, sondern er versucht es, um bei dem Bild zu bleiben, zunächst mit „Gelb". Seine Warnsignale, die manchmal in Ruhe, oft aber auch bei „laufender Aktivität" auftauchen, sind anfänglich so leise und so feindosiert, dass wir sie leicht überhören, übersehen und übergehen können.

Ich denke beispielsweise an gelegentliche Schwindelgefühle, an Ohrgeräusche, an häufiges Vergessen von etwas, an nervöses Zittern oder Zuckungen, an Einschlaf- oder Durchschlafschwierigkeiten, an Rückenschmerzen, Hautausschläge, Kopfweh, Magenbeschwerden und ähnliches mehr.

Um die „Logik des Körpers" zu verstehen, muss man wissen, dass der Körper immer dann ein festgelegtes Alarmprogramm aktiviert, wenn wir uns seelisch oder körperlich unter Druck und Anspannung („Stress") fühlen. Dieses Programm beinhaltet unter anderem folgende Veränderungen:

- Der Blutdruck steigt, der Herzschlag beschleunigt sich.
- Die Muskeln werden mit Blut versorgt und spannen sich an.
- Die Verdauung wird „lahmgelegt" bzw. kommt aus dem Lot.
- Die Schweißdrüsen werden aktiviert.
- Es werden vermehrt Stresshormone ausgeschüttet, die dem Körper die Energie zu Höchstleistungen verleihen. Allerdings haben diese Stresshormone eine Dämpfung des Immunsystems zur Folge.

Bei kurzfristiger Belastung und nachfolgender Entspannung ist diese Stressreaktion problemlos. Gefährlich wird sie für den Menschen jedoch, wenn die Anspannung auf hohem Niveau erhalten bleibt, denn dies hat zur Folge, dass auch die körperlichen Veränderungen mehr oder weniger bestehen bleiben, was langfristig beispielsweise zu folgenden Gesundheitsschäden führt:

- Herz-Kreislauf-Probleme; hoher Blutdruck, Herzrhythmusstörungen
- Magen-Darm-Probleme; gestörte Verdauung
- Muskelverspannungen und damit verbunden chronische Schmerzen
- erhöhte Krankheitsanfälligkeit und erschwerte Heilung bzw. Regeneration, da das Immunsystem geschwächt ist
- chronische Erschöpfung aufgrund gestörten oder zu leichten Schlafs.

Wenn wir diese und andere schwerwiegenden Symptome eines gestörten körperlichen Gleichgewichts vermeiden wollen, so müssen wir lernen, schon frühzeitig auf die Signale zu achten. Dass hierbei Körper und Seele eine Einheit sind, zeigt sich in der immer intensiver erforschten Tatsache, dass auch rein geistige oder emotionale Vorgänge körperliche Auswirkungen haben. Der Körper unterscheidet z. B. nicht, ob sich etwas Bedrohliches nur in unseren Gedanken abspielt, oder ob es auch in der Realität stattfindet – für ihn sind die *geistigen* Impulse ausschlaggebend, und die lauten in beiden Fällen „Gefahr/Bedrohung“.

Laut zahlreicher Untersuchungen haben einsame Menschen oder Menschen ohne tragfähige Beziehungen in der Regel eine höhere Anfälligkeit für seelische und körperliche Erkrankungen.

Ein Beispiel: Laut zahlreicher Untersuchungen haben einsame Menschen oder Menschen ohne tragfähige Beziehungen in der Regel eine höhere Anfälligkeit für seelische und körperliche Erkrankungen.

Weshalb? Weil der Mensch, auf sich allein gestellt, wesentlich mehr Ängste und Sorgen entwickelt, was sein Schicksal, seine Zukunft und die Bewältigung von Problemen anbelangt – schließlich fehlen ihm entlastende Stützen, auf die er notfalls zurückgreifen könnte. Diese Ängste und Sorgen wiederum belasten nicht nur die Psyche, sondern auch den Körper.

Zum achtsamen Umgang mit sich selbst gehört jedoch auch die „geistige Nahrung", die wir uns aussuchen. So, wie es Nahrungsmittel gibt, die großenteils aus Luft, Wasser und weitgehend wertlosen, wenn nicht gar ungesunden Inhaltsstoffen bestehen, so gibt es auch Fernsehsendungen, Musik, Kulturereignisse, Bücher, Illustrierte u. v. a. mehr, die keinerlei nährende Substanz enthalten, welche uns Kraft und Energie schenken könnten.

Ein Beispiel: Bei gelegentlichen Sauna- oder Arztbesuchen lese ich die dort ausliegenden Illustrierten, doch nach einiger Zeit stellt sich bei mir ein Gefühl der inneren Leere und des Überdrusses ein. Ich habe das Empfinden, zwar viele Informationen aufgenommen, aber nichts wirklich Aufbauendes und Weiterführendes bekommen zu haben. Die Oberflächlichkeit und Banalität des Gelesenen – gleiches gilt an anderer Stelle für Gehörtes oder Gesehenes – hat mich letzten Endes eher Energie gekostet, als dass es mir Energie gegeben hätte. Doch um dies zu erkennen, bedarf es ebenfalls des aufmerksamen In-sich-hinein-Horchens: Wie geht es mir nach dieser Lektüre, dieser Sendung, dieser kulturellen Veranstaltung, diesem Gespräch, dieser Zusammenkunft? Fühle ich mich erfrischt, erquickt, beschenkt – oder einfach nur erschöpft und um ein paar Stunden meiner Lebenszeit ärmer?

Ich glaube, viele Menschen stellen sich heute diese Fragen zu wenig. Sie lassen sich von ihrer Umwelt einreden, dieses oder jenes unbedingt gesehen, gehört, gelesen oder mitgemacht haben zu müssen, ohne sich selbst die kritisch-ehrliche Frage zu stellen: Ist es das wirklich, was mir gut tut? Wo meine Seele aufatmet? Oder habe ich nur Angst, etwas zu verpassen, nicht mitreden zu können, nicht dazuzugehören, wenn ich auf diese Dinge verzichte?

!

Die „zehn Regeln des guten Umgangs mit sich selbst“ könnten beinhalten:

- sich selbst wertschätzen lernen mitsamt den eigenen Grenzen und Schwächen (was die Arbeit an sich selbst keineswegs ausschließt)
- die Signale des eigenen Körpers beachten und ernst nehmen
- eigene Bedürfnisse und Gefühle erkennen und lernen, sie auszudrücken
- sich abgrenzen können. Dazu liefert manchmal auch unsere Wut oder Frustration die Energie.
- sich Zeit für Stille und innere Einkehr nehmen
- eigene Gaben und Talente entdecken und entwickeln (hier sind häufig auch die Rückmeldungen unserer Mitmenschen ein wichtiger Hinweis)

- sich – zumindest im privaten Bereich – Perfektionismus abgewöhnen
- sich immer wieder Herausforderungen suchen oder stellen (und dabei keine Angst vor Scheitern oder Niederlagen haben)
- Verletzungen verarbeiten und dafür sorgen, dass Wunden heilen können (auch hier ist oft der Einbezug einer vertrauten Person hilfreich)
- sich gelegentlich selbst beschenken.

Der achtsame Umgang mit anderen

Grundsätzlich lässt sich beobachten: Der Mensch geht mit seinen Mitmenschen in der Regel so um, wie er mit sich selbst umgeht. Diese Erkenntnis klingt auch in der biblischen Weisung an: „Liebe deinen Nächsten wie dich selbst."

Grundsätzlich lässt sich beobachten: Der Mensch geht mit seinen Mitmenschen in der Regel so um, wie er mit sich selbst umgeht.

Sie enthält die tiefe Weisheit, dass man einem anderen Menschen gegenüber auf lange Sicht nicht liebevoller, einfühlsamer oder achtungsvoller gegenübertreten kann, als man sich selbst gegenübertritt. Aus diesem Grund ist die Art des Umgangs mit uns selbst immer auch der Prüfstein dafür, wie wir unsere Beziehungen zu anderen gestalten und wie wir uns ihnen gegenüber verhalten.

Sicher gibt es in allen unseren Beziehungen, sie seien freundschaftlich oder familiär, immer wieder Zeiten des fehlenden Gleichgewichts. Es gibt Zeiten, wo wir mehr nehmen als geben. Oder Zeiten, wo wir mehr geben als bekommen; Zeiten, wo uns der Kontakt und die Begegnung mit dem anderen nicht leicht fallen. Unser Gegenüber ist in einer Krise – er/sie braucht uns, beansprucht uns, belastet uns, ohne uns seiner- oder ihrerseits viel „geben" zu können. Das ist in Ordnung, so lange wir innerlich damit einverstanden sind und nicht das Gefühl haben, emotional ausgebeutet und kräftemäßig ausgesaugt zu werden. Es ist in Ordnung, so lange wir uns nicht in einem „Rollenzwang" fühlen, aus dem wir nicht mehr auszubrechen wagen. Und es ist nicht zuletzt so lange in Ordnung, so lange wir einen Sinn darin sehen, uns so intensiv einem anderen Menschen zuzuwenden und ihm Zeit und Kraft zu schenken.

Es ist unsere persönliche Verantwortung, von Zeit zu Zeit einen ehrlichen „Beziehungs-Check" zu machen und uns zu fragen, wie wohl wir uns in unseren Rollen anderen gegenüber fühlen.

Doch abgesehen von diesen Sonderfällen fühlen wir uns in Beziehungen zwischen Erwachsenen immer dann wohl, wenn eine gewisse Ausgewogenheit zwischen Geben und Nehmen besteht, wenn also nicht einer immer nur gibt und der andere immer nur nimmt. Es ist deshalb unsere persönliche Verantwortung, von Zeit zu Zeit einen ehrlichen „Beziehungs-Check" zu machen und uns zu fragen, wie wohl wir uns in unseren Rollen anderen gegenüber fühlen.

Des Weiteren ist eine Beziehung zwischen Menschen umso bereichernder, je mehr alle Beteiligten sich dabei so geben können, wie sie sind; das heißt, je mehr sie sich dem anderen ohne innere Zensur, ohne Angst und Bedenken mitteilen können, weil gegenseitiges Vertrauen und gegenseitige Offenheit herrschen. Dann können Gedanken und Erfahrungen ausgetauscht werden, die nicht nur an der glatten Oberfläche bleiben, sondern in die Tiefe gehen und bei den Gesprächspartnern ein innerstes Berührt-, manchmal auch Betroffensein auslösen. Ein gutes, ehrliches Gespräch stillt sowohl das Verlangen nach menschlicher Nähe und Gemeinschaft, als auch den Wunsch nach Austausch, Selbstmitteilung, geistiger Anregung, Unterstützung und Hilfestellung bei eigenen Fragen und Problemen.

Doch auch hier geben sich viele Menschen bei der Mehrzahl ihrer Kontakte mit einer Kommunikationsebene zufrieden, die sie im Innersten einsam und unbefriedigt lässt. Sie spüren, dass das Gegenüber sich nicht wirklich öffnen möchte, sondern eine „Fassade" zur Schau stellt. Oder dass er/sie das Gespräch zur Selbstdarstellung benutzt, die den anderen in die Rolle des unkritischen Bewunderers zwingt. Manche gebrauchen ihren Gesprächspartner als seelischen Mülleimer, ohne dass dieser den Eindruck hat, auch mit *seiner* Meinung, geschweige denn *seinen* Problemen auf Gehör und Interesse zu stoßen. Nicht zuletzt gibt es Menschen, die aus unbewusster Furcht alle heiklen und angstbesetzten Lebensfragen konsequent umgehen, seien es die Themen von unheilbarer Krankheit, Altersabbau, Tod; seien es Selbstzweifel oder Schuldprobleme, sei es das Thema erlittener Niederlagen und Enttäuschungen, eigenes Scheitern – kurz: alle Fragen, denen man weder mit schnellen noch mit einfachen Antworten auch nur im Ansatz gerecht werden kann, weil es auf sie keine einfachen Antworten gibt.

Auch die Frage nach Gott, nach Quelle und Grund, Sinn und Ziel des Lebens gehört zu diesen den Menschen letzten Endes lebenslang begleitenden Fragen. Wo sie in einer Beziehung nicht angesprochen werden dürfen, bleibt der tragende Grund unseres Lebens ausgeklammert; unsere Wurzeln bekommen in solchen Verbindungen keinerlei Nahrung und finden keinerlei Halt.

Der achtsame Umgang mit sich selbst und anderen schließt jedoch die Frage mit ein, womit wir unsere begrenzte und deshalb kostbare Lebenszeit verbringen.

Wir alle haben das Recht, immer wieder auch nur „für uns selbst" da zu sein.

Wir alle haben das Recht, immer wieder *auch* nur „für uns selbst“ da zu sein. Etwas zu tun, was nur uns nutzt oder gefällt. Untätig zu sein, ohne uns dafür entschuldigen zu müssen. Uns zurückzuziehen, ohne ein schlechtes Gewissen dabei zu haben. Geld für etwas auszugeben, das nicht notwendig ist, uns aber Freude macht. Etwas auszuprobieren, ohne im Voraus sagen zu können, was es „bringt“ oder ob es sich lohnt . . .

Wir haben nicht nur das Recht dazu, ich möchte sogar sagen: Wir haben die Pflicht. Es ist ein Teil jener fruchtbaren Selbstliebe, die nichts mit Egoismus oder Selbstverliebtheit zu tun hat, sondern mit der Achtung vor uns selbst und der Sorge, die wir für uns tragen müssen, um seelisch und geistig bei Kräften zu bleiben.

Es ist auch ein Teil der Verantwortung, die wir für unsere Nächsten haben. Was können wir ihnen geben, wenn wir nicht dafür sorgen, dass unser „Akku“ immer wieder aufgeladen wird? Aus welchen Quellen können wir schöpfen, wenn wir nicht darauf achten, dass wir uns immer wieder zu diesen Quellen begeben?

„Wenn *ich* nicht für mich bin, wer dann?“, fragte einst der weise König Salomo, und er wollte damit ausdrücken, dass wir die Liebe zu uns selbst nicht an andere delegieren können.

Darum gilt: Seien es unsere Beziehungen, unsere Freizeitaktivitäten, sei es unser berufliches Engagement oder unser Einsatz in verschiedenen sonstigen Lebensbereichen, seien es unsere Hobbies oder unser Glaube: Sie alle müssen hin und wieder von uns kritisch hinterfragt werden hinsichtlich ihrer Bedeutung für unseren „Wurzelgrund“.

Ein alltägliches Beispiel: Viele Menschen verbringen eine Menge Zeit mit Gartenarbeit. Diese Arbeit kann ein willkommener und geschätzter Ausgleich zur Berufstätigkeit sein, sie kann eine Tätigkeit sein, bei der wir zwar körperlich aktiv sind, aber dennoch „unsere Seele baumeln lassen“, weil wir unter keinerlei Druck stehen. Doch kenne ich auch Menschen, die ihre Gärten selbst dann noch bearbeiten, wenn es ihnen eigentlich längst schon „zuviel“ geworden ist. Sie fühlen sich einer Familientradition verpflichtet, oder sie sind zu sparsam, um jemanden mit der Pflege zu beauftragen; wieder andere machen sich zum Sklaven eines inneren Zwanges („ein Garten muss immer gepflegt sein“). In diesem Fall stimmt die Balance von Aufwand und Ertrag nicht mehr, und es wäre die Frage zu stellen, worin der Sinn eines solchen Opfers – abgesehen vom Fortführen einer Tradition – eigentlich noch liegt.

Der Umgang mit Gott

Grundsätzlich empfiehlt es sich, die Begegnung mit Gott sowohl „im stillen Kämmerlein“ zu suchen, wie Jesus es empfahl (Matthäus 6,6), als auch in der Gemeinschaft von Gleichgesinnten, das heißt von Menschen, die ebenfalls auf dem Weg zu Gott und mit Gott sind.

„Im stillen Kämmerlein“

Ob man es Meditation, Stilleübung oder Gebet nennt – immer geht es im christlichen Glauben um die Kommunikation mit dem göttlichen „Du“.

Voraussetzung für gelingende Kommunikation ist die Fähigkeit, sich dem Gegenüber mit allen Sinnen zuzuwenden, das heißt auch: sich selbst und die eigenen Gedanken vorübergehend zurückzunehmen, um ganz aufnahmefähig für den anderen zu sein.

Diese Konzentration muss geübt werden – allein oder in einer Gruppe. Man kann sagen: Ziel dieser Stille ist es, innerlich so ruhig und „leer“ zu werden, dass Gott, der in mir wohnt, sich Gehör und Raum verschaffen kann. Ich las einmal den schönen Satz „Nur in einem ruhigen Gewässer kann sich der Himmel spiegeln.“.

> ***Es ist wichtig, sich klar zu machen, dass das schlichte „Sein vor Gott“ schon eine Pflege unseres Wurzelgrundes bedeutet und unsere Kraftreserven auffüllt.***

In dieser Stillezeit ist es wichtig, sich klar zu machen, dass das schlichte „Sein vor Gott“ schon eine Pflege unseres Wurzelgrundes bedeutet und unsere Kraftreserven auffüllt. Vielen Menschen ist dieser Gedanke zunächst fremd.

Sie sind auch in ihrem Verhalten Gott gegenüber ziel- und leistungsorientiert.

Sie meinen, wenigstens beten zu müssen, d. h. Gott etwas mitzuteilen, es sei Lob, Dank oder Bitte. Ich halte dies für ein Missverständnis, und hier ist eine Episode aus Frankreich für mich immer wichtig gewesen:

Ein Mann ging jeden Tag in die Kirche und saß eine Weile schweigend dort.

Eines Tages fragte ihn der Pfarrer: „Was tun Sie in dieser Zeit eigentlich?"

Der Mann schaute zum Kreuz und sagte: „Ich schaue IHN an, und ER schaut mich an."

Ich weiß – häufig überfallen uns in unseren Stillezeiten sofort die Gedanken und Sorgen, die Anliegen und Bitten, die uns umtreiben und die wir Gott natürlich vortragen möchten. Auch sie haben ihren Raum – schließlich besteht auch das Vaterunser nur aus Bitten –, doch sollte man darauf achten, dass sie nicht *ausschließlich* oder vorrangig die Kommunikation mit Gott prägen. Wer in einem Gespräch nur selbst redet und den anderen aufs Zuhören reduziert, erfährt nichts und hat keine Chance, sich vom Gegenüber anregen und beeinflussen zu lassen. Deshalb sind solche Gespräche auch meist fruchtlos.

Zur Stille gehört für mich außer dem Gebet und dem Sichöffnen für Gottes Gegenwart allerdings auch das Nachdenken über mich selbst. Ich bedenke meine Gefühle und Erfahrungen, meine Erlebnisse und Vorhaben und versuche, sie „mit Gottes Augen" zu sehen. Bei diesem Nachdenken ist mir oft ein Rat des Dichters Matthias Claudius hilfreich, den er einem seiner Söhne mit auf den Lebens-

Zur Stille gehört außer dem Gebet und dem Sichöffnen für Gottes Gegenwart allerdings auch das Nachdenken über mich selbst.

weg gab: *„Frage dich nur bei allem: Hätte Christus das getan? Das ist genug.“*

Auch die Lektüre der Bibel oder anderer Bücher, die im Wachstum meiner Spiritualität von Nutzen sind, ist ein Teil meines „Umgangs mit Gott“.

Ich bin sicher, dass er uns auch oft auf das richtige Buch zur richtigen Zeit stoßen lässt.

In der Gemeinschaft

„Ich brauche keine Kirche, um Christ zu sein“ – wie oft habe ich diesen Satz schon gehört, mal herablassend oder trotzig, mal entschuldigend oder abweisend geäußert. Ich pflege darauf in der Regel zu antworten: „Eine Kirche brauchen Sie vielleicht nicht unbedingt – aber eine Gemeinschaft.“

Ohne den Austausch mit Gleichgesinnten versäumen wir es in der Regel, genug für unsere spirituelle Wurzelpflege zu tun.

Ohne den Austausch mit Gleichgesinnten versäumen wir es in der Regel, genug für unsere spirituelle Wurzelpflege zu tun. Das Gespräch, die Diskussion, vielleicht auch das gemeinsame Gebet oder Schweigen, all dies sind Anregungen und Impulse, die unser persönliches Wachstum fördern, weil sie Kräfte in uns freisetzen, uns weiterbringen, uns Halt und Hoffnung geben – oder aber uns beunruhigen und aufrütteln, was zu Wurzelpflege und Wachstum ebenfalls dazugehört. In meinen Gesprächen über den Glauben erinnere ich mich bisweilen an eine englische Weisheit: „A ship in a harbor is safe – but that is not, what ships are built for.“ Zu Deutsch: „Schiffe sind im Hafen zwar sicher, aber das ist nicht der Zweck ihres Daseins.“

Und natürlich ist es bequem und beruhigend, nur Gleichdenkende und Gleichglaubende um sich zu scharen, doch es führt in der Regel dazu, dass man stagniert, sich nicht mehr von der Stelle bewegt, sprich: dass keine wirkliche Entwicklung mehr stattfindet.

Allerdings bedarf das Gespräch über Glaubensfragen gerade unter Andersdenkenden immer eines hohen Maßes an gegenseitiger Achtung und Toleranz, sonst artet es nach meiner Erfahrung sehr schnell in Rechthaberei und gegenseitige Be- und Verurteilung aus, die nur Verärgerte und Frustrierte zurücklässt.

Auch das gern zitierte Argument: „Ich gehe nicht in die Kirche, ich finde Gott in der Natur“ hat den Haken, dass wir in der Natur zwar Stille und beeindruckende sowie erquickende Momente erleben, dass dies alles jedoch kein Ersatz für einen Gedankenaustausch über „Gott und die Welt“ sein kann.

Was mir allerdings häufig begegnet, ist eine auffallende Scheu vieler, auch sehr gebildeter oder tiefgläubiger Menschen, über ihren Glauben mit Dritten zu reden. Wahrscheinlich fürchten sie, nicht ernst genommen oder zu sehr infrage gestellt und angegriffen zu werden – womit in der Tat durchaus zu rechnen ist, weil es immer Leute gibt, die schnell urteilen und meinen, sich über polemische Kritik am Christentum als „kritische Geister“ profilieren zu können.

Hier muss auch ich mich oft beherrschen, um nicht wütend oder beleidigt zu reagieren, weil mich die Missachtung meines Glaubens verletzt.

Doch ist es mein Ziel, mich davon nicht mehr so leicht provozieren zu lassen, sondern unbefangen und selbstbewusst zu meinen Überlegungen und Überzeu-

Nachfolge bedeutet auch ein geistiges Unterwegssein, ein bewusstes Offensein für neue Antworten.

gungen zu stehen – natürlich mit all den Fragezeichen, die ich selbst teilweise dabei mache. Auch diese Fragezeichen sind schließlich ein Teil meines Glaubens – Nachfolge bedeutet für mich auch ein geistiges Unterwegssein, ein bewusstes Offensein für neue Antworten und neue Erkenntnisse – und damit auch für das Denken anderer Menschen.

6. Jesus von Nazareth – ein Mensch, der zu geben und zu nehmen wusste

„Der tiefste Wert einer Persönlichkeit
besteht nicht in dem Reichtum ihrer Erkenntnis,
sondern in der Kraft ihrer Liebe."
Ernst von Dryander[9]

Jesus war vieles – Gottes „Sohn" oder „Gesalbter" (so nannten ihn seine Anhänger), der „Menschensohn" (so nannte er selbst sich) – der „Freund der Sünder" (so bezeichneten ihn seine Gegner) ...

Über diese Beschreibungen hinaus wird uns Jesus als einer, der grundsätzlich für alle Menschen da war, vor Augen gestellt: Er heilte alle, die mit Krankheiten zu ihm gebracht wurden. Er war gesprächsbereit gegenüber allen, die ernsthaft mit ihm zu sprechen wünschten. Er nahm sich Zeit für jeden Menschen, der ihn brauchte, und schenkte ihm seine ganze Zuwendung und Aufmerksamkeit. Nicht zu vergessen: Er führte und lehrte seine zwölf Jünger, die er um sich geschart hatte.

Weniger selten kommt allerdings die andere Seite der Persönlichkeit Jesu in den Blick: dass er auch ein Mensch war, der wusste, dass allem Geben das Nehmen vorausgeht. Der gelernt hatte, sich in seiner ganzen Menschlichkeit anzunehmen, und das bedeutet: sich auch als Bedürftiger zu zeigen, ja, sich beschenken zu lassen. Dazu einige Beispiele:

- Jesus kam an einen Brunnen und hatte keine Möglichkeit, Wasser zu schöpfen. Als eine fremde samaritanische Frau zum Schöpfen kam, spach er sie an und bat sie: „Gib mir zu trinken!" – Sie staunte, denn es war normalerweise unter der Würde eines Juden, mit Samaritanern zu sprechen, und es war einem frommen Mann darüber hinaus verboten, eine Frau anzusprechen. Über beides setzte sich Jesus hinweg – und zeigte sich als das, was er in dem Moment war: ein durstiger Mensch, der darauf angewiesen war, dass ihm jemand zu trinken gab. (Johannes 4)

- Jesus wählte Männer aus, die ihn begleiteten. Er wollte seinen Weg bewusst in der Gemeinschaft gehen. Als sich viele Anhänger aufgrund seiner Lehren wieder von ihm abwandten, fragte er seine Jünger: „Wollt ihr auch weggehen?" Ich vermute, er hätte ihre Entscheidung respektiert und sie nicht zurückgehalten, doch es hätte ihn traurig gemacht, wenn er auch von ihnen verlassen worden wäre. (Johannes 6, 66f.)

- Jesus nahm sich immer wieder die Freiheit, allein zu sein. Er brauchte diese Zeit der Stille sicherlich, um sich von den Anforderungen der Menschen zu erholen und neue Kräfte zu schöpfen. (Matthäus 14,13; Markus 1, 35; Lukas 6,12 und 9,18 u. a.)

- Jesus ließ sich gerne einladen – ohne sich (als Wanderprediger) mit Gegeneinladungen revanchieren zu können. Ob es bei dem angesehenen Pharisäer Simon war, ob bei dem verachteten Zolleintreiber Zachäus, ob bei seinen Freundinnen Maria und Marta – Jesus legte, so scheint es, viel Wert auf die Tischgemeinschaft, die ja niemals nur eine Stärkung für den Körper, sondern immer auch für Geist und Seele ist.

Jesus legte, so scheint es, viel Wert auf die Tischgemeinschaft, die ja niemals nur eine Stärkung für den Körper, sondern immer auch für Geist und Seele ist.

- Jesus konnte es genießen, zärtlich berührt zu werden. Es wird berichtet, dass einmal eine „stadtbekannte Sünderin" in das Haus des angesehenen Pharisäers Simon kam und gezielt auf Jesus, der dort zu Gast war, zuging, um ihm seine Füße mit ihren Tränen zu benetzen, mit ihren Haaren zu trocknen und anschließend mit duftender Salbe einzusalben. Die anwesenden Männer waren entrüstet, dass er dies duldete, denn erstens war es eine Frau und zweitens auch noch eine „Sünderin" (vermutlich eine Prostituierte). Doch Jesus nahm die Frau seinem Gastgeber gegenüber energisch in Schutz und lobte ihr Tun in allen Einzelheiten: „... Du hast mir nicht Wasser gegeben für meine Füße, diese aber hat meine Füße mit Tränen genetzt und mit ihren Haaren getrocknet. Du hast mir keinen Kuss gegeben, diese aber hat nicht aufgehört, meine Füße zu küssen. Du hast mein Haupt nicht mit Öl gesalbt, sie aber hat meine Füße mit Salbe gesalbt ..." (Lukas 7, 44–46)

- Jesus fühlte sich nicht für alles allein verantwortlich, sondern konnte Aufgaben delegieren. Wenn er mit seinen Jüngern über den See Genezareth fuhr, ließ er sich rudern und konnte dabei so gut entspannen, dass er sogar einschlief während der Überfahrt. Immer wieder wird berichtet, dass er seine Jünger mit Aufträgen losschickte; er war offenbar nicht der Ansicht, dass er alles selbst machen musste! (Matthäus 8,23 ff.; 10,5ff.; 26,18ff. u. A.)

- Jesus nahm sich Zeit zur genauen Wahrnehmung. Viele seiner Geschichten und Gleichnisse machen deutlich, dass Jesus – obwohl er selbst von Beruf Bauhandwerker war – sehr genau die Vorgänge und Arbeitsabläufe in der Natur und in der Landwirtschaft kannte; vermutlich, weil er sie immer wieder mit Interesse und Ausdauer beobachtete.

- Auch in seinen schwersten Stunden zeigte Jesus sich als Bedürftiger.
  Als er am Abend seiner Verhaftung im Garten Gethsemane mit sich und Gott im Gebet kämpfte, wollte er nicht allein sein, sondern seine vertrautesten Freunde um sich haben. Seine Jünger schliefen ein, doch zweimal weckte Jesus sie auf – in der Hoffnung, dass sie ihm seelischen Beistand leisten würden. (Matthäus 26, 36ff.)

- Jesus lebte aus dem Gebet. In den Zeiten des Alleinseins pflegte er intensiv die Verbundenheit mit Gott. Von ihm, seinem Vater, empfing er Weisung, aber auch Kraft und Vollmacht. In der Zwiesprache mit ihm wuchs er in seine Bestimmung hinein. (Lukas 5, 16; 9,29; 11,1 u. a.)

Dies sind nur einige Episoden, die zeigen sollen, dass wir von Jesus auch lernen können, uns mit unseren Bedürfnissen, aber auch unseren Grenzen anzunehmen und ernst zu nehmen. Die uns aber auch vor Augen führen, wie unentbehrlich und unersetzlich gerade bei einem bewusst geführten Leben, das von Liebe und Verantwortung geprägt ist, die intensive Beziehungspflege mit dem Schöpfer und Bewahrer unseres Lebens ist. Sie allein bewahrt uns vor Sinnverlust, Verzweiflung, Einsamkeit, Orientierungslosigkeit, allzu großer Abhängigkeit von Menschen sowie vor der Verzettelung unserer Kräfte.

7. Vom Getriebensein zum Getragensein

„Unser Herz ist unruhig,
bis es Ruhe findet in dir, o Gott."
Augustinus

Alle Menschen dieser Welt sind von Bedürfnissen und Zielen erfüllt, ja, von seiner biologischen und psychologischen Natur her ist der Mensch ein „Getriebener". Die fünf Hauptantriebe des Menschen kann man sich in Form einer Pyramide vorstellen. An der Basis stehen die körperlichen Grundbedürfnisse, die Essen, Trinken, Schlaf, Wärme, Lust und Schmerzfreiheit umfassen.

Dicht darauf folgt als zweites Grundbedürfnis der Wunsch nach Sicherheit, der oft mit dem Wunsch nach Macht und Kontrolle verbunden ist. Dem schließt sich das Bedürfnis nach Zugehörigkeit und Gemeinschaft an: Wir wollen nicht allein und isoliert leben.

Als viertes Grundbedürfnis gilt das Bedürfnis nach Anerkennung und Bestätigung, nach Wertschätzung und Liebe. An der Spitze der Pyramide steht schließlich der Wunsch nach Selbstentfaltung, Selbstverwirklichung, wozu auch die Teilnahme an Kultur, Religion etc. gehört.

Jedes dieser Bedürfnisse führt zu Antrieben, die Energie geben, aber auch mit Angst verknüpft sind: Was ist, wenn mein Verlangen nicht oder nur unvollkommen befriedigt wird? Was ist, wenn ich mein Ziel nicht erreiche? Dann schrillen unsere Alarmglocken; wir leiden, wir werden unruhig, wir machen uns Sorgen.

Ich bin der Auffassung, dass das Getriebensein unser Menschsein *charakterisiert.* Wie drückt es sich konkret aus?

Zum Beispiel in Genuss-Sucht: Wir sind eine Erlebnisgesellschaft[10], die den Sinn des Lebens darin sieht, möglichst viele Genüsse und tolle Erlebnisse ins Leben hineinzupacken. Je mehr, desto besser. Zum anderen sind wir nach wie vor eine materialistische Gesellschaft. „Geld kann man nie genug haben", das ist das Glaubensbekenntnis unserer Zeit. Mehr Geld bringt mehr Sicherheit, mehr Anerkennung von der Umwelt und natürlich mehr Möglichkeiten zum Genießen – so die herrschende Meinung. Des Weiteren treibt uns der Wunsch, bewundert zu werden, herauszuragen aus der Masse, anerkannt zu werden. Unser gesellschaftliches Ansehen, ja immer mehr unsere gesamte Identität beruht auf Leistung. Und daraus entsteht eine ständige bewusste oder unbewusste Furcht: Was ist, wenn ich die Leistung nicht mehr bringe oder sie nicht mehr gefragt ist? Was ist, wenn ich krank, schwach, arbeitslos, hilfsbedürftig werde? Was ist, wenn andere mich glatt überholen? Wenn sie weiter kommen als ich, erfolgreicher sind?

Es gibt kaum ein menschliches Problem oder einen zwischenmenschlichen Konflikt, der nicht mit diesem Getriebensein des Menschen zusammenhängt.

Es gibt nach meiner Erfahrung kaum ein menschliches Problem oder einen zwischenmenschlichen Konflikt, der nicht mit diesem Getriebensein des Menschen zusammenhängt. Seine Antriebe bewirken nämlich nicht nur, dass er fleißig, aktiv, zielstrebig, ehrgeizig oder wagemutig ist, sondern auch, dass er egoistisch, neidisch, rivalisierend, habgierig, verlogen und rücksichtslos in seinem Handeln wird.

In jedem Menschen wohnt eine tiefe Sehnsucht nach Vertrauen-Dürfen, nach Getragen-Sein.

Der Mensch, der ohne Kontakt zu Gott lebt, hat zu diesem Getriebensein meines Erachtens wenig bis keine Alternativen. Doch was könnte die Alternative für jene sein, die sich auch mit der spirituellen Dimension des Lebens, mit seinem „Wurzelgrund“, mit Gott, befassen? Ich bin davon überzeugt: In jedem Menschen wohnt eine tiefe Sehnsucht nach Vertrauen-Dürfen, nach Getragen-Sein.

Und weiter glaube ich: Jesus wollte uns mit seinem ganzen Leben und Sterben klar machen: Als Freunde Jesu („Ihr seid meine Freunde, wenn ihr tut, was ich euch gebiete“ Joh. 15,14), als Söhne und Töchter Gottes, als Bürger seines Reichs sind wir erst einmal und vor allem anderen angenommen und, im wahrsten Sinn des Wortes, gut aufgehoben, das heißt: Wir sind Getragene. Sicher, wir müssen unser Leben leben, wir müssen es gestalten, wir müssen Entscheidungen treffen, Verantwortung übernehmen, mit Leid und Enttäuschung, mit Einschränkungen und Verlusten fertig werden und uns bemühen – aber wir tun dies unter zwei völlig neuen Voraussetzungen:

- Erstens hängt mein Wert, meine Identität nicht mehr von meiner Leistung und der entsprechenden Anerkennung meiner Umwelt ab – auch nicht von der Leistung, es allen recht zu machen und von jedem geliebt zu werden

- Zweitens weiß ich, dass ich mein Leben nicht allein zu gestalten und zu verantworten habe, sondern dass ich begleitet, geführt und getragen werde.

Ich bin nicht allein „meines Glückes Schmied". Was Erfolg, was Misserfolg, was sinnvoll und was nicht sinnvoll ist, das entscheidet nicht die Umwelt, das entscheiden auch nicht die von den Eltern oder anderen Instanzen übernommenen Werte und Normen, sondern letzten Endes muss das, was ich tue, vor den Augen Gottes bestehen können – das heißt: seinem Willen entsprechen!

Die wichtigste Frage unseres Lebens lautet deshalb aus meiner Sicht:

Wie finde ich zu diesem Getragensein, aus dem sich die Balance von Geben und Nehmen ganz natürlich ergeben kann?

Wie finde ich zu diesem Getragensein, aus dem mir nicht nur innerer Friede, Gelassenheit und Geborgenheit erwachsen, sondern auch Kraft zur Selbstannahme und zur Liebe dessen, der meine Liebe braucht? Wie finde ich zu diesem Getragensein, aus dem sich die Balance von Geben und Nehmen ganz natürlich ergeben kann?

Nach allem Gesagten ahnen Sie sicher die Antwort: durch die Nähe und das Vertrauen zu Gott, wie Jesus es uns vorgelebt und geboten hat.

Und hier schließt sich der Kreis: Ohne Stille, ohne Zeit zum Krafttanken, zur Pflege meiner Wurzeln, kann ich auch keine Verbindung „zum Himmel" aufbauen. Wenn ich aber in der Stille vor Gott IHN auf mich wirken lasse, so merke ich, wie meine innere Gelassenheit und Unabhängigkeit wachsen. Ich definiere mich nicht mehr vorrangig von dem her, was ich mache und tue, was ich sein und tun sollte, auch nicht von dem her, was ich in den Augen der anderen (wert) bin. Stattdessen habe ich meinen Lebensgrund und Wert in der Liebe zu Gott gefunden. Sie ist in erster Linie kein Gefühl, wie ich es einem geliebten Menschen entgegenbringe, den ich höre, sehe, rieche, berühre, sondern eine „Haltung des Herzens", die von Hingabe und Vertrauen geprägt ist. Zu dieser Haltung muss ich mich entscheiden, genauer ausgedrückt: Ich muss mich entscheiden, in diese Haltung hineinwachsen zu wollen.

! Diese liebende Haltung des Herzens Gott gegenüber ist wie ein Baum mit vielen Zweigen.
Darunter könnten folgende Zweige sein:

- Zeit für Gott haben
- Interesse an IHM haben; IHN besser kennen lernen wollen
- Vertrauen zu IHM üben, auch wenn sich nicht alle Hoffnungen und Wünsche erfüllen
- nicht an den „Zufall" glauben (von wo fällt mir etwas zu, wenn nicht von IHM?)
- mich damit versöhnen, dass ich Gott oft nicht verstehe, dass er mir auch Leid zumutet
- nie aufhören zu fragen, auch wenn es manchmal schwer ist, mit Fragen zu leben
- IHN zum Mittelpunkt meines Lebens machen, von dem aus sich alles andere ordnet
- immer mehr lernen, mich selbst, die Welt und meine Mitmenschen „mit seinen Augen" zu sehen

(„Der Mensch sieht, was vor Augen ist, Gott aber sieht das Herz an.“)

- das Leben mit IHM in all seinen tausend Facetten und Wendungen immer mehr als Geschenk zu betrachten, für das ich täglich danken kann
- immer mehr lernen, von Herzen sagen zu können: „DEIN Wille geschehe!“

Aus der Beachtung und Pflege dieser zehn Elemente – natürlich sind noch viele weitere denkbar – ergibt sich im Lauf der Zeit eine Vielzahl von Konsequenzen, die tiefe Wirkungen nach sich ziehen:

Nur einige seien an dieser Stelle genannt. Sie müssen nicht, aber sie können auch in Ihrem persönlichen Wachstum eine Rolle spielen:

- Unsere Beziehungen werden tiefer, doch wir können uns auch leichter den Raum bewahren, den wir brauchen.
- Wir lernen, an unseren Beziehungen zu arbeiten und gleichzeitig den „Energieaustausch der Liebe“ nicht zu behindern.
- Wir wachsen in der Bejahung unserer eigenen Person – und sind auf dieser Grundlage auch ehrlicher und selbstkritischer in unserem Umgang mit uns und anderen.
- Wir gewinnen in unserer Lebensführung und unserem Verhalten mehr Mut zur Spontaneität, zum „Genießen des Augenblicks“, aber auch zum wagemutigen Zugehen auf Neues oder Ausbrechen aus Altem.

- Wir haben weniger Angst, Fehler zu machen – und akzeptieren gleichzeitig, dass sie zum Leben dazugehören.
- Wir nehmen uns selbst ernst – aber nicht zu wichtig – und können immer wieder auch über uns selbst lachen oder schmunzeln.

  Und last but not least:
- Wir sind überzeugt davon, dass Gott uns in jedem Augenblick überraschen kann – mit neuen Begegnungen, Erfahrungen, Aufgaben oder Problemen!

Wenn wir noch einmal an den Vergleich unseres Lebens mit dem Leben eines Baumes denken, so möchte ich zum Abschluss eine ganz besondere Baumart zum Gleichnis unseres Lebens machen, vor der ich – nicht nur wegen ihres betörenden Duftes – immer wieder bewundernd verweile: Zitrusbäume.

Orangen- und Zitronenbäume haben die Eigenart, gleichzeitig Blätter zu haben, zu blühen und Früchte zu tragen. Für mich ist dies ein faszinierendes Gleichnis dafür, dass sich auch in unserem Leben die drei wesentlichen Dimensionen des Menschseins gleichzeitig *und* nebeneinander entfalten können:

- Die Blätter: Sie stehen für die Bewältigung des Alltags mit allem, was dazugehört. Blätter symbolisieren all die vielen Pflichten und Aufgaben, ohne die unsere Tage, Wochen und Monate im Chaos versinken würden: Essen zubereiten, Ordnung schaffen, für Sauberkeit sorgen, Geld verdienen und ausgeben, zum Geburtstag gratulieren, das Auto in die Werkstatt bringen usw. ... – jene tausend „Kleinigkeiten“, die einfach getan werden müssen.

- Die Blüten: Sie sind ein Gleichnis für all das, was uns Freude macht, wo wir mit ganzem Herzen dabei sind. Was „den Geruch des Glücks“ ausströmt: Ausschlafen, Faulenzen, Freunde einladen, ein unverhofftes interessantes Gespräch führen, ein besonders gutes Essen genießen, Feste feiern, unserem Hobby nachgehen (und nicht gestört werden!), eine schöne Musik hören, ein spannendes Buch lesen, im Garten werkeln, einen Berggipfel besteigen, in der Badewanne liegen …

- Die Früchte: Sie sind die „Ergebnisse“ oder Erfolge, die wir auch hin und wieder in unserem Leben sehen dürfen. Dass ein Engagement nicht ins Leere geht, sondern Resonanz findet; dass die Kinder auf eigenen Füßen stehen und dennoch das Band der Liebe bleibt; dass die Gespräche mit dem Partner wieder befriedigender für beide Seiten verlaufen; dass wir mit uns selbst barmherziger sind; dass wir für eine Arbeit positive Rückmeldungen erhalten … oder auch nur: dass der selbstgebackene Kuchen gut gelungen ist und allseits mundet.

Doch all dies würde nicht existieren und gedeihen ohne die *Wurzeln.*

Der Liederdichter Paul Gerhardt hat im vorletzten Vers seines Liedes „Geh aus mein Herz und suche Freud“ (Ev. Gesangbuch Nr. 503) für mich am treffendsten und schönsten ausgedrückt, was der Sinn und das Ziel unseres Lebens ist, damit es ein Leben voll des Gebens *und* des Nehmens sein kann:

„Mach in mir deinem Geiste Raum,
dass ich dir werd ein guter Baum,
und lass mich Wurzel treiben.
Verleihe, dass zu deinem Ruhm
ich deines Gartens schöne Blum
und Pflanze möge bleiben ...“

Anmerkungen

[1] Ende eines Sommers, in: Literaturauslese, hg. von Wolfgang Erk, Stuttgart 1989, S. 320f.

[2] Die Wälder schweigen, in: Das große Erich-Kästner-Buch, München/Zürich 1975, S. 135

[3] Stufen, in: Hermann Hesse, Stufen, Frankfurt 1996, S. 187

[4] Sonett Nr. 19, in: Bertolt Brecht, Gedichte, Frankfurt/Main 1977, S. 159

[5] Ein harmloses Beispiel aus der ersten Zeit meiner Ehe: Ich frage meinen Mann beim Frühstück: „Ist noch Kaffee da?“ – Er steht auf und will die Kaffeekanne aus der Küche holen, um mir einzuschenken – in der sicheren Annahme, genau zu wissen, was ich mit meiner Frage „gemeint“ habe. Ich wollte aber in diesem Moment gar keinen Kaffee nachgeschenkt haben!

[6] Der springende Punkt, A. de Mello, Freiburg 2000, S. 93

[7] In: Die Weise von Liebe und Tod des Cornets Christoph Rilke, Insel-Verlag Leipzig, S. 21

[8] Wilhelm Busch, Gedichte, München 1957, S. 20

[9] Ernst von Dryander, Erinnerungen aus meinem Leben, Bielefeld/Leipzig 1923

[10] Vgl. das gleichnamige Buch „Die Erlebnisgesellschaft“ von Gerhard Schulze, Frankfurt/New York 1993